CATÉCHISME

DU

SOLDAT FRANÇAIS.

IMPRIMERIE DE CONSTANT-CHANTPIE.

CATÉCHISME

DU

SOLDAT FRANÇAIS,

OU

DIALOGUE HISTORIQUE

SUR LES CAMPAGNES MODERNES DE L'ARMÉE FRANÇAISE;

PAR CONSTANT TAILLARD.

DEUXIÈME ÉDITION.

PARIS,

A LA LIBRAIRIE DE BRISSOT-THIVARS,

RUE CHABANNAIS, n° 2.

1822.

PRÉFACE.

Nous avons quantité d'ouvrages sur les campagnes de l'armée française; mais tous sont d'un volume trop considérable ou d'un prix trop élevé. Messieurs les Editeurs, en publiant des in-8° de 6 à 30 volumes, et du prix de 60 fr. à 100 écus, paraissent n'avoir pas songé qu'un soldat ne saurait mettre toute une bibliothèque dans son sac, ni sacrifier deux ou trois ans de son prêt pour avoir l'histoire de ses travaux. Je crois avoir paré à cette difficulté. Il trouvera dans ce Catéchisme, non-seulement un précis rapide des prodiges de la France, mais encore tout ce qui peut contribuer à lui donner de sa patrie l'idée grande et noble qu'elle inspire au monde entier.

Pour décorer de la manière la plus digne, l'humble chaumière de nos héros vétérans, autant que pour donner à cet ouvrage un PENDANT capable de rehausser encore la gloire qu'il décrit, j'ai conçu l'idée de mettre en tableau ce que la patrie a de plus éclatant en exploits militaires. Ce tableau, dont le succès a devancé la publication, et que j'ai intitulé : *Tables de la Gloire française, ou Titres des Guerriers français à l'immortalité*, est, comme le *Catéchisme du soldat*, dédié à cette foule de braves qui, en dépit de certains journaux, se glorifieront toujours d'avoir appartenu A LA VIEILLE ARMÉE.

INTRODUCTION.

Le grand but de la plupart des gouvernans étant moins le bonheur que l'asservissement des peuples, c'est toujours une source féconde de guerres que l'avènement des peuples à la liberté. La France en fit en 1792 la terrible expérience. A peine elle a brisé ses fers, que toutes les puissances jurent de lui en forger de nouveaux. La Prusse et l'Autriche arment contre elle, leurs légions s'élancent sur son territoire, et loin d'être en mesure de leur résister, elle voit ses plus belles provinces seconder par des dissensions politiques, les torrens d'ennemis qui menacent de l'anéantir. Mais l'extrême péril enfante l'extrême audace. Prête à succomber, elle concentre toutes les forces que lui donne son désespoir, s'élance à son tour, et Paris est sauvé, dans les champs de Valmy, d'une invasion qui semblait inévitable. Bientôt après, ceux de Jemmapes, d'Hontschoote, de Wattignies, de Geisberg, de Tourcoing, sont témoins des mêmes prodiges; et loin de s'être bornée à cimenter le fameux coup d'état dont l'Europe entière a senti la secousse, elle a déjà envahi elle-même la Savoie, le Piémont, et le comté de Nice, repris aux Anglais Toulon qu'ils avaient lâchement acquis, et fait trembler ses nombreux agresseurs par l'attitude formidable qu'elle a prise sur la frontière du nord. A la terreur qu'éprouvait la France, a tout-à-coup succédé la soif de la vengeance et des conquêtes. De grands revers sont vengés à Fléurus, à la Montagne-Noire, à Aldenhoven; et, comme de concert avec les glaces de la Hollande, qui portent les bataillons républicains dans les murs d'Amsterdam effrayée, les flancs des Pyrénées nous ouvrent un passage, pour aller vaincre encore sur le sol où Pompée vainquit Sertorius. C'est alors que les rois de Prusse et d'Espagne tremblent eux - mêmes pour leurs propres états. Forcés de demander la paix, ils reconnaissent enfin comme première puissance européenne, cette même république dont ils avaient conspiré la perte, troublé le repos, calomnié les intentions. Mais la guerre se continue plus fortement que jamais sur les frontières de l'Italie. Les vainqueurs des Pyrénées s'y portent, et les murs de Loano voient les Français préluder par une nouvelle victoire, à la campagne la plus enchanteresse dont les hommes aient gardé le souvenir. Que de prodiges en effet une seule année voit s'accomplir, à Montenotte, à Castiglione, à Millezimo, à Lodi, à Arcole, à Rivoli! Un général, à peine sorti de l'âge où l'homme est en chrysalide, Bonaparte, que le Directoire y abandonne avec une faible armée, détruit successivement trois armées formidables que l'Autriche envoie pour l'anéantir; force tous les princes de l'Italie et jusqu'au pape lui même, à demander grâce aux républicains ; renverse le sénat de Venise, jusqu'alors regardé comme le plus ancien gouvernement de l'Europe; rejette jusqu'au-delà du Tyrol, de nouvelles légions envoyées par l'Autriche sous le commandement du plus illustre de ses princes, et, d'accord avec les armées du Rhin et de Sambre-et-Meuse, dont un revers de fortune a pu ébranler la constance, force la fière Autriche de céder à la fois la Belgique et l'Italie.

Rarement un peuple victorieux met un terme à sa course. Un homme inspiré propose au Directoire d'aller conquérir l'Egypte, pour fonder à la France des communications plus faciles avec l'Inde; et voilà Bonaparte, qui, déjouant sur la Méditerranée toutes les manœuvres britanniques, s'empare de l'île de Malte, débarque à Alexandrie, écrase aux Pyramides les mamelouks qui l'attendent, plante sur les mosquées du Caire l'étendard républicain, soumet les peuples à ses lois, et poursuit jusqu'en Syrie l'armée vaincue sans combattre d'Ibrahim épouvanté. Cependant le Grand-Seigneur veut reconquérir l'Egypte. L'armée qu'il y envoie est aussitôt détruite à Aboukir. Bonaparte, qui a quitté l'Egypte immédiatement après ce dernier prodige, est remplacé par Kléber. Celui-ci signale son commandement par une victoire éclatante remportée sur un nouvel ennemi dans les champs d'Héliopolis. Mais ce triomphe n'en est un que pour sa gloire : Kléber tombe poignardé par les soins du grand-visir, et l'Egypte que Menou essaie vainement de défendre encore, se voit arrachée par des calamités de toute espèce, aux mains intrépides de ses vainqueurs.

Bonaparte a traversé les mers. Secondé par l'enchantement universel, il renverse le Directoire, et fonde pour lui-même le Consulat sur ses ruines. L'Italie n'est plus a la France, mais sa perte est vengée sous les murs de Zurich. N'importe, il faut la reconquérir. Le consul franchit les Alpes, et reparaît sur le sol immortalisé par les Romains. Il ne peut secourir Masséna, qui périt dans Gênes ; mais il accomplira le grand œuvre qu'il médite. Deux batailles lui suffisent : vous le savez, ô champs de Montebello et de Marengo, vous savez par quels prodiges de génie et de valeur ces belles contrées repassèrent en cinq jours sous la domination républicaine. La France n'est pas moins heureuse au Nord. La journée d'Hohenlinden, abaisse l'audacieux orgueil de l'Autriche, étend les limites du territoire Français, sèche pour quelque temps les pleurs des nations.

Le consul est de retour en France. Les sceptres de France et d'Italie, deviennent le prix de ses travaux. Vainement l'Angleterre s'irrite dans son île de tant de prospérités ; vainement elle vomit sur nos bords des brûlots et des poignards, Napoléon poursuit sa course miraculeuse, et tout annonce au monde un conquérant, un maître, un législateur nouveau. Cependant la guerre se rallume au Nord. A peine l'Autriche et la Russie ont menacé la France, qu'elles sont terrassées dans les champs d'Austerlitz. Qui le croira jamais? Ce grand exemple est perdu pour la Prusse. Seule elle ose défier le plus grand capitaine et les premières légions du monde. Jéna voit à la fois l'injure et le châtiment. La monarchie prussienne n'est plus, et le monarque lui-même abandonnant sa capitale au vainqueur, est réduit à fuir avec quelques débris épouvantés sur les bords glacés de la Vistule. Les Russes viennent à son secours. Ils se flattent de venger ce qu'Austerlitz eut d'humiliant pour leurs armes, mais vain espoir! Eylau, Friedland, sont pour la France deux nouveaux champs de gloire; et le fils de Paul Ier. est réduit à la dure extrémité d'embrasser son vainqueur.

La paix vient d'être conclue à Tilsitt. Reconnaissant désormais pour véritables rois les électeurs de Bavière et de Saxe, admettant trois frères de Napoléon sur les trônes de Naples, de Hollande, et de

Westphalie, fermant et jurant de fermer toujours à l'Angleterre les ports du continent, les puissances belligérantes réduisent la nation britannique à toutes les horreurs de la misère. Elle est prête à demander grâce, et l'on n'attend plus que son dernier cri.

Napoléon s'arrêtera-t-il à ce faîte des prospérités humaines? Non. L'Espagne a tenté pendant la guerre de secouer le joug de son amitié, et il a résolu la conquête de l'Espagne. C'est encore un de ses frères qu'il mettra sur le trône de Charles IV; tout est prêt, l'armée part, le sang coule et les Français sont dans Madrid. Mais que d'efforts et de sacrifices perdus! L'Angleterre vomit des armées sur la Péninsule; pendant cinq ans on combat moins qu'on ne s'égorge. Le Portugal et l'Espagne ne sont plus que de vastes tombeaux.

Toujours irritée contre la France, l'Autriche conçoit la pensée de l'attaquer dans ses alliés du Nord, pendant que le Midi occupe ses armées. Alors les lé-

gions de l'intérieur et de l'Italie se portent sur l'Allemagne. Peu de mois suffisent pour nous reporter dans Vienne,
et dans ce peu de mois les immortelles
journées d'Eckmühl, de Raab, d'Essling, de Wagram, replongent l'Autriche dans l'effroyable abîme dont elle
sortait à peine.

Un morne abattement bien moins
qu'une douce paix, succède à la fièvre
politique qui dévorait les générations du
Nord. Au bout de quatre ans, la léthargie
cesse et les deux premières nations du
monde, la France et la Russie, paraissent en armes décidées à recommencer
la guerre. Toutes deux traînent à leur
suite une moitié de l'Europe, et il semble que leur choc va mettre le globe en
éclats. Les Russes sont foudroyés à
Witepsk, à Smolensk, à Valontina, à
Mojaïsck, et Moscou lui-même tombe
en nos mains. Il y tombe; mais sanglant,
mais désert, mais en cendres comme
toutes les provinces conquises. Trompé
par de perfides négociations, et forcé

par le manque absolu de ressources, Napoléon se décide à se reployer sur la France. Un dernier combat signale ses adieux. Mais bientôt c'est contre les élémens qu'il và lutter de force et de constance. Dévorés par eux, nos soldats affrontent dans leur retraite une mort mille fois plus cruelle que celle qu'ils avaient mille fois affrontée. L'ennemi sur qui le froid a moins d'action, ne leur laisse de repos ni le jour ni la nuit. C'est pourtant en vain qu'il se déploie tout entier. Ni ses forces précédemment vaincues, ni les nouvelles légions qu'il a reçues de Moldavie ne peuvent arrêter les Français, et les glorieux débris des vainqueurs de l'Europe, trouvent enfin un asile dans les forteresses de l'Allemagne.

L'armée Française n'est plus que l'ombre d'elle-même, mais un signe de son chef à la nation, la grossit en deux mois d'une jeunesse impétueuse; et des conscrits sans expérience, forcent à Lutzen et à Wurschen, les vieilles bandes de Paul et de Frédéric, à demander une suspension d'armes. Un congrès la suit, l'Europe en attend la paix, et c'est une guerre plus cruelle encore qui vient capter son attention. Cette fois l'Autriche se joint aux alliés contre la France. Tous éprouvent de nouveau le sort qui les poursuit; mais le 18 octobre voit les Saxons et les Bavarois nous abandonner sur le champ de bataille, et la double journée de Leipsick, complète par les trahisons et les désastres qui la composent, l'abandon de toutes nos conquêtes d'outre Rhin.

La France est en armes sur la France même. Tout est prévu pour défendre ses frontières, mais la Suisse qui a juré de faire respecter sa neutralité renonce tout-à-coup à l'honneur de son serment, et voilà l'empire envahi par 300,000 hommes décidés à lui faire expier sa gloire.

Napoléon paraît avec les débris de son armée. Chaque matin il attaque les alliés sur une ligne de 150 lieues, et chaque matin leurs formidables colonnes sont punies de leur témérité. Je n'examine point si comme souverain Napoléon fut digne de la France; mais j'avance confiamment, que jamais capitaine ne fonda son immortalité sur de si brillans travaux. Trois colonnes, dont la moindre est trois fois supérieure aux forces qu'il commande, marchent de concert sur Paris, et par une habileté jusqu'alors inouie, il trouve le sublime secret de les écraser toutes trois séparément. Les journées de Saint-Dizier, de Champ-Aubert, de Montmirail, de Nangis, de Montereau, exciteront la juste admiration de nos derniers neveux. L'ennemi qui poussait des cris de victoire commence à s'inquiéter de sa position ; frémissant des dangers accumulés sur sa tête, il ne s'informe plus que des moyens de sortir de France. Mais il est écrit que la France doit succomber, et Murat qui pouvait si bien la servir en Italie, trahit à la fois sa patrie, son bienfaiteur et son frère.

Napoléon n'en conserve pas moins

l'espoir de triompher. Tranquille sur la résistance que Paris est capable de faire, il manœuvre avec audace sur les derrières des alliés pour les séparer totalement de leurs magasins, de leurs bagages et de leurs parcs de réserve. C'en est fait, l'abîme est ouvert pour eux, et déjà l'impatience nationale voit en idée leurs nombreux bataillons s'engloutir. Mais, ô fatalité! des mains perfides ont livré Paris, et l'empereur qui arrive avec sa garde pour reconquérir sa capitale, a la douleur de se voir arracher l'empire par de nouvelles trahisons.

L'île d'Elbe devient le lieu de son exil. Quoique dans les fers, il impose encore aux puissances qui l'ont abattu. Il reparaît, et la France vole une seconde fois au-devant de son joug. Sa descente sur le continent a ébranlé le monde, tous les peuples se liguent, et seule contre l'Europe entière, la France lève de nouveau la bannière des combats. Les Prussiens sont terrassés à Ligny, les Anglais le sont eux-mêmes au Mont-Saint-Jean,

xvj

tout présage à la patrie des destins consolateurs...... hélas ! ce sourire de la fortune n'était que l'apparence d'un sourire......

Mais si des jours de deuil ont attristé de si beaux jours, si tant d'obscurité a remplacé tant de splendeur, consoles-toi, belle France, TU N'ES PAS VAINCUE. Le monde entier connaît les causes de ta chute, il les voue à l'exécration de tous les âges, ET TA GLOIRE EST ENCORE AUSSI PURE QU'UN SOUPIR DE LA LIBERTÉ.

CATÉCHISME

DU

SOLDAT FRANÇAIS.

CAMPAGNE DE 1792.

D. **A** quoi faut-il attribuer cette guerre?

R. A la détermination prise par les puissances, pour leur propre sûreté, de faire respecter le pouvoir monarchique que la nation française annonçait vouloir remplacer par un gouvernement républicain.

D. Quelles puissances se liguèrent d'abord?

R. La Prusse et l'Autriche. Par un traité conclu entre elles à Pilnitz, la France devait, en cas de conquête, subir le sort de la Pologne, c'est-à-dire être démembrée.

D. La France était-elle en mesure de combattre?

R. Jamais puissance ne le fut moins. L'esprit d'émigration, pénétrant dans l'armée, avait privé tous les corps de leurs officiers les plus

1

instruits ; cette armée n'était plus elle-même qu'un déplorable assemblage de lambeaux sans discipline, et pour comble de maux des malveillans, secrètement soudoyés, soufflaient dans nos plus belles provinces l'horrible feu des guerres civiles.

D. Qui put donc mettre la patrie en état de défense ?

R. Un de ces coups du sort que nul ne peut prévoir. Marchant à la tête de nombreuses légions de la Prusse, le duc de Brunswick publia, de Coblence, un manifeste portant qu'il venait punir, comme rebelles, tous les Français qui oseraient combattre contre les armées étrangères. Aussitôt, la France pressentit le sort qui l'attendait, demanda des armes et courut à l'ennemi.

D. On a beaucoup parlé de l'enthousiasme de ces temps.

R. Jamais peut-être on n'en vit de semblable. Tous les citoyens quittèrent leurs travaux pour voler à la défense de la patrie. Leur empressement et leur joie étaient portés à un tel point, que des femmes déguisèrent leur sexe pour obtenir l'honneur de combattre.

D. Jusqu'alors il avait existé des distinctions entre les hommes. Il fallait, pour ob-

tenir des grades , avoir plus ou moins de quartiers de noblesse. Que devinrent ces distinctions?

R. On les supprima toutes, et l'on ne re-
garda, comme différences entre les citoyens ,
que celles établies par les talens et les vertus.
Dès-lors , le brave , que de vils préjugés rete-
naient dans les grades subalternes , conçut
l'espoir de s'illustrer comme les Turenne et
les Bayard , et les âmes retrempées connurent
enfin cette énergie sans laquelle il n'est pas
de véritable grandeur.

D. Quels étaient les points menacés par
l'ennemi?

R. La Flandre, l'Alsace, et la Champagne.
On envoya , pour les défendre , les généraux
Rochambeau , Luckner et La Fayette. Chacun d'eux , suivi d'une armée considérable, eut
ordre de prendre l'offensive.

D. Détaillez-moi les premières opérations.

R. En se montrant, le 28 avril 1792 , le
soleil donna le signal des hostilités. Nous prî-
mes Quiévrain, en Flandre, et Porentruy, en
Alsace ; mais le lendemain , un affreux désastre , connu sous le nom de déroute de Mar-
quain, fit succéder l'effroi à l'enthousiasme de

l'armée de Rochambeau. Pendant que l'on ralliait cette armée sous les murs de Lille, 5o,ooo Autrichiens assiégeaient vainement Landau, 22,ooo autres se faisaient battre par Luckner, dans les retranchemens de Fontoy, et le roi de Prusse, en personne, s'emparait de la place de Longwy.

D. Que s'ensuivit-il?

R. Que, fiers de n'avoir pas été battus partout, les Prussiens eurent la témérité de marcher droit sur Paris. Ils furent arrêtés par le général Kellermann, au village de Walmy, près Sainte-Ménéhould. Comme après une longue indécision, les destins semblaient se déclarer pour nous, Kellermann dit aux guerriers qui l'entouraient : *Camarades, l'heure de la victoire a sonné : laissons approcher les Prussiens, et chargeons-les à la baïonnette.* Cette terrible manœuvre eut tous le succès prévu : les Prussiens furent repoussés jusque dans leurs premières lignes. Ils tentèrent vainement de se représenter le lendemain. Les succès de la veille avaient encouragé nos braves, et rien ne put sauver l'ennemi d'une déroute complète. Cette bataille, qui se livra le 20 septembre 1792, sauva la France d'une invasion, et valut par la suite à Kellermann le titre glorieux de duc de Walmy. On reprit Verdun, et l'ennemi regagna la frontière.

D. Ne se passait-t-il rien sur d'autres points?

R. Le roi de Sardaigne se joignait de fait à nos ennemis, comme depuis long-temps il l'était d'intention. On envoya contre lui les généraux Montesquiou et Anselme. La tâche du premier fut de prendre la Savoie, et celle du second, de s'emparer du comté de Nice. Tout prit la fuite devant Montesquiou, et sa mission se remplit sans combattre. Celle d'Anselme fut moins complétement heureuse. Il dut en venir à l'effusion du sang; mais en moins de huit jours, la victoire le rendit maître de tout le pays qu'il voulait occuper.

D. La gloire d'Anselme ne fut-elle pas dans cette occasion susceptible de partage?

R. L'amiral Truguet peut en revendiquer une partie. Comme il louvoyait près de la côt, avec une escadre partie de Toulon, il con-tribua puissamment à la reddition de Nice, par le bombardement dont il menaça la place.

D. Revenons aux travaux des armées com-battant en Allemagne.

R. Après un furieux combat, le général Custine s'empara de Spire et de tous les ma-gasins que cette ville contenait. Apprenant ensuite qu'un corps ennemi s'approchait de lui pour couvrir Worms et Mayence, il chargea le général Neuwinger d'aller s'emparer de Worms, et se porta de sa personne sur la seconde de ces villes. Vainement les deux garnisons déployèrent l'appareil des combats; forcées par la volonté générale, elles sortirent des murs et se rendirent aux républicains. Ce double succès fut immédiatement suivi de la prise de Francfort-sur-le-Mein.

D. Tous les corps ennemis n'avaient point évacué le territoire français. Qu'étaient devenus les Autrichiens?

R. Ils assiégeaient en vain les places de Lille et de Thionville. Commandés par le général Duhoux, les Lillois se défendirent depuis le 23 septembre jusqu'au 8 octobre, avec un tel courage, que tous se disputaient la gloire d'arracher les mèches enflammées des obus, et qu'un éclat de bombe servit de plat à barbe à quatorze citoyens. Thionville était défendue par le général Wimpfen. Voyant que la peur n'avait pas d'empire sur l'esprit des Français, l'ennemi offrit à leur chef un million pour évacuer la place. « *J'y consens*, répondit ce brave, *si ces messieurs veulent passer l'acte de donation devant notaire.* » Tant de persévérance rebuta les Autrichiens ; ils levèrent les deux siéges ; et reprirent, comme les Prussiens, le chemin de la frontière. Toujours poursuivis par Kellermann, ceux-ci nous rendirent Longwy, et complétèrent, après deux mois et demi de pertes immenses, l'évacuation du territoire français.

D. Les Français se contentèrent-ils de s'être affranchis des étrangers ?

R. Non. Le général Dumouriez quitta l'armée pour aller proposer à la Convention l'envahissement de la Belgique. Sa demande fut écoutée ; il retourna, suivi de nombreux renforts, se mettre à la tête des légions, livra bataille dans les champs de Jemmapes, et mit de nouveau l'ennemi en pleine déroute.

D. Quelles furent les pertes matérielles de cette journée ?

R. Par une de ces singularités attachées au sort des combats, l'ennemi perdit 10,000 hommes dont 5000 prisonniers, tandis que les Français ne trouvèrent pas, après la bataille, plus de 500 soldats manquant à l'appel.

D. Une autre particularité ne décida-t-elle pas du sort de la journée ?

R. Victorieux, les Français mettaient dans leurs mouvemens une telle impétuosité que leur alignement s'en rompait, et que l'ennemi profitait du désordre naissant, lorsque Baptiste Renard, jeune homme aux gages de Dumouriez, rallia les fuyards, chargea à leur tête, et rétablit le combat. Cette particularité fit dire, dans les temps, que *la bataille livrée par Dumouriez avait été gagnée par son valet-de-chambre.*

D. Quelle récompense fut décernée à Baptiste Renard ?

R. Modeste, autant qu'intrépide, ce héros ne voulut que l'honneur de porter l'uniforme français.

D. Quelles furent les suites de la bataille de Jemmappes ?

R. La prise, par les Français, des villes de Mons, Tournay, Limbourg et Bruxelles.

D. Que devinrent les Autrichiens ?

R. Culbutés partout, ils se retranchèrent au bois d'Asche et sur l'autre rive de la Meuse. Leur projet, en prenant cette dernière position, était de couvrir la ville de Namur qui était pour eux un poste important ; mais ils ne purent y parvenir, et nous nous emparâmes, avec une étonnante rapidité, de Tirlemont, de Liége, et de Namur.

D. La trahison n'eut-elle pas quelque part à la prise de cette dernière ville ?

R. Un perfide qui se trouvait parmi les Autrichiens, fit connaître aux Français les points faibles de la place, et le général Leveneur en profita pour centupler sa gloire. Ce brave, marchant en expédition secrète, chargea un officier très-grand et très-fort, de le jeter par-dessus une palissade qui le forçait de s'arrêter ; dès qu'il fut de l'autre côté, il courut au chef de la garde ennemie : *conduis-moi à tes mines*, lui dit-il, en lui mettant son épée sur le cœur. Intimidé, l'Autrichien se rend aux vœux du Français, les mèches sont arrachées des galeries, et la place est enlevée.

D. Que se passait-il sur les autres points ?

R. L'amiral Truguet saccageait, en Piémont, la ville d'Oneille, qui, l'ayant attiré dans ses murs par des protestations d'amitié, avait profité de sa sécurité pour faire tirer sur ses bâtimens ; le général Labourdonnaye prenait, en Belgique, la ville et le port d'Anvers, dont un seul boulet avait, en brisant la table du gouverneur, déterminé la reddition ; et le roi de Prusse, en personne, reprenait Francfort-sur-le-Mein, au général Van Heldem, qui l'occupait avec 2,500 hommes.

D. Kellermann ne quitta-t-il pas vers ce temps le commandement de l'armée de la Moselle?

R. Oui, et ce fut le général Beurnonville qui lui succéda. Ce dernier termina la campagne par un combat terrible entre Hamm et Wavren. La victoire y couronna la valeur, et ce nouveau triomphe augmenta l'espoir que la France avait conçu, de s'agrandir du territoire même de ceux qui avaient conspiré son démembrement.

CAMPAGNE DE 1793.

D. QUELLE fut l'aurore de cette seconde campagne ?

R. Une défaite de Custine à Hockeim (Allemagne) ; une victoire de Biron à Sospelli (Piémont) ; un échec de Truguet devant Cagliari (Sardaigne).

D. Dans quel état se trouvait l'armée de la Belgique ?

R. Dans le dénuement le plus complet. Dumouriez était bien à Paris pour négocier lui-même la restauration de son armée ; mais comme la Convention lui supposait des vues ambitieuses, il ne reçut que des dédains au lieu des secours qu'il attendait. Fatigué de solliciter sans fruit, il quitta Paris et revint au camp. Ce fut alors qu'il résolut de conquérir la Hollande. Il n'avait plus que 16,000 hommes; mais il sut les disposer avec tant d'art et de valeur, qu'il s'empara presque, sans coup férir, de la place de Bréda et du fort de Klundert.

D. Poursuivit-il ses succès?

R. Il l'aurait pu sans la folle présomption du général Miranda, qui se fit écraser sous les murs de Maestricht par 70,000 ennemis dont il n'avait pas su se garantir. Jusqu'alors Dumouriez s'était préparé à franchir le Mœrdick; mais la défaite de Miranda lui fit suspendre l'exécution de son projet. Il remit au général Flers le commandement du corps destiné à agir sur la Hollande, et retourna prendre celui des troupes cantonnées en Belgique.

D. Quel autre avantage l'ennemi tira-t-il de la défaite de Miranda?

R. Il fondit sur les retranchemens que les vaincus avaient élevés près de Tongres, s'en empara, et força nos troupes à prolonger leur retraite.

D. Que se passait-il en Allemagne ?

R. Poursuivi par les Prussiens après la prise de Francfort, le général Custine remettait au général Meunier le commandement du fort de Kœnigstein.

D. Comment ce capitaine s'acquitta-t-il des nouveaux devoirs qui lui étaient imposés ?

R. Comme s'en serait acquitté le dieu Mars lui-même. Sommé de se rendre, il assembla ses soldats, et se tournant deux pistolets contre la poitrine : *On demande notre déshonneur, dit-il ; conseillez-moi : si je vous trouve faibles, ce moment sera le dernier de ma vie.* Ses compagnons étaient Français, et l'on devine leur réponse.

D. Vous avez parlé dans la campagne de 1792 des troubles civils qui désolaient la France, me ferez-vous connaître les opérations militaires qu'ils ont occasionnées ?

R. La nécessité peut porter des frères à s'é-gorger entre eux ; mais il y aurait de la bar-barie à se glorifier d'une pareille victoire, et je me tais.

D. Il s'est donc commis bien des horreurs ?

R. Jugez-en par ces vers de Corneille, devenus totalement applicables à la Vendée :

Mais je ne trouve point de couleurs assez noires
Pour en représenter les tragiques histoires.
Je les peins dans le meurtre à l'envi triomphans,
Rome entière noyée au sang de ses enfans,
Les uns assassinés dans les places publiques,
Les autres dans le sein de leurs dieux domestiques,
Le méchant par le prix au crime encouragé,
Le mari par sa femme en son lit égorgé,
Le fils tout dégouttant du meurtre de son père,
Et, sa tête à la main, demandant son salaire.

D. Que se passait-t-il en Belgique ?

R. Le général Lamarche perdait et reprenait Tirlemont, tandis qu'espérant s'attacher par des victoires les bataillons belges que mécontentait le joug autrichien, Dumouriez livrait bataille dans les champs de Neerwinde. Ces champs nous furent fatals : 7000 Français y trouvèrent ou des fers ou la mort, et le reste abandonna pour chercher un refuge, des contrées dont la conquête avait exigé tant de travaux, de périls et de privations.

D. De quel œil le Gouvernement français vit-il ce désastre inattendu ?

R. Avec indignation. Rendant ses généraux responsables de leurs défaites, il chargea Beurnonville d'aller avec quatre commissaires s'emparer de Dumouriez ; mais celui-ci, qui s'en méfiait, les fit arrêter eux-mêmes, et les livra aux Autrichiens. Dès-lors il leva le masque, et tenta de séduire les troupes pour renverser le Gouvernement constitutionnel, mais il n'avait point acquis ce suprême ascendant qui subjugue les esprits, et tous les corps refusèrent de seconder ses projets.

D. Que devint-il ?

R. Ce général qui, dans cette grande occasion, aurait dû prendre pour modèle l'audacieuse activité de Jules-César, se vit réduit à la honteuse nécessité d'aller chercher un asile dans le camp ennemi. Il fut remplacé par le général Dampierre, officier possédant et méritant la confiance de l'armée.

D. Que faisait l'armée d'Allemagne ?

R. Elle soutenait avec gloire, mais sans succès, une lutte inégale à Bingen et à Oberflersheim. Forcé dans toutes ses positions, le général Custine brûlait ses magasins, et se rapprochait de la France.

D. Le roi d'Espagne ne se joignit-il pas vers ces temps à la coalition ?

R. Irrité de la déplorable fin de Louis XVI son parent, il déclara la guerre à la république ; celle-ci envoya contre lui le général Servan, et les armées se rencontrèrent le 31 mars dans la vallée d'Aran. Les Français prirent d'abord la ville de Viella ; mais bientôt ils éprouvèrent un violent échec près de Thuir. Cet échec fut vengé peu de jours après à Baygoris et dans le Val-Carlos.

D. Continuez de me raconter cette partie des travaux de l'armée d'Espagne.

R. La fortune changea, et les Français furent mis en déroute à Château-Pignon. Ils revinrent à la charge, et fondant sur les Espagnols retranchés sur la montagne de Louis XIV, les forcèrent à repasser le Bidassoa. Cet avantage fut balancé par la reddition de Bellegarde que défendaient 900 Français bloqués depuis quarante jours, et sur lesquels on avait lancé plus de 80,000 bombes ; mais rien ne parvint à ralentir l'ardeur des légions combattant en rase campagne. Elles vainquirent de nouveau à Ispéguy, à Thuir, à Mas-la-Serre, à Mont-Louis, et notamment à Peyrestortes. Dans ce dernier combat, l'ennemi perdit 1500 hommes et 40 bouches à feu.

D. Que devenait le général Custine ?

R. J'ai dit qu'il se rapprochait de la France. Ses revers ayant ramené l'ennemi sur la rive gauche du Rhin, et par suite le général Doyré ayant capitulé dans Mayence avec 22,000 hommes, Custine fut arrêté, et traité comme traître à la patrie.

D. L'était-il en effet?

R. Oui, si c'est l'être que d'être loyalement vaincu.

D. La place de Mayence fit-elle toute la résistance dont elle était capable?

R. Sa défense, quoique inutile, fut aussi glorieuse que le plus beau triomphe. Le général Doyré n'examina point si toutes les places qui devaient le secourir étaient au pouvoir de l'ennemi, et si lui-même manquait des munitions de guerre et de bouche les plus essentielles. Il se battit en héros jusqu'à la dernière extrémité, et l'on se rappelle que le général Aubert-Dubayet invita un jour à dîner plusieurs officiers supérieurs, parce qu'il avait à leur offrir un très-beau chat entouré d'un cordon de souris. — La reddition de Mayence fut imitée par le fort de Cassel. Ce n'était plus le général Meunier qui commandait ce fort; un boulet avait terminé sa carrière dans une attaque formée contre la grande île de Mars. *«Il m'a fait bien du mal,* s'écria le roi de Prusse en apprenant sa mort, *mais l'univers n'a pas produit un plus grand homme.»*

D. La Belgique étant évacuée, que devinrent les places de la frontière du nord ?

R. Elles furent déclarées en état de siége et assiégées immédiatement. Valenciennes, que commandait le vieux général Ferrand, se défendit comme Mayence l'avait fait. Le 28 juillet Ferrand capitula, mais après avoir tué 20,000 hommes à l'ennemi, sans en avoir perdu lui-même plus de cinq à six cents.

D. L'ennemi s'empara-t-il de toutes les places qu'il assiégea ?

R. Sommé de rendre celle de Cambrai, le général Declaye répondit qu'il ne savait que se battre, et força, par d'heureuses sorties, les Autrichiens à fuir loin de ses remparts.

D. Dunkerque ne fut-il pas assiégé vers le même temps ?

R. Victorieux à Linselles, le duc d'Yorck essaya de couper la retraite aux Français, mais il ne put le faire assez précipitamment pour empêcher ceux-ci de se renfermer dans les murs de Dunkerque. Il attendait, pour les en chasser, une flotille de bombardement ; mais les heures qu'il perdit en préparatifs donnèrent le temps au général Houchard de marcher avec 40,000 hommes au secours des assiégés. La victoire qui en résulta pour nous, et que l'histoire transmet à la postérité sous le nom de Hondschoote, délivra Dunkerque le 9 septembre 1793, et fut comme la source des nombreux succès qui la suivirent.

D. En sauvant la France d'une invasion nouvelle, Houchard vit sans doute les honneurs s'accumuler sur sa tête?

R. Ce général ayant négligé de poursuivre ses avantages, fut accusé de trahison, et porta, comme Custine, sa tête sur l'échafaud.

D. Quelle était donc la politique du Gouvernement en immolant de pareils hommes?

R. Il entrait pleinement dans son système de persuader aux soldats français qu'ils étaient invincibles, parce que leur constance dans les travaux ne pouvait se soutenir contre tant d'ennemis que par cette intime conviction. Éprouvait-on un revers, quelle qu'en fût la cause, le soldat eût vaincu si le général eût bien commandé. Manquait-on de profiter de la victoire, le général s'entendait avec l'ennemi, et toujours ce malheureux chef répondait sur sa tête de l'iniquité des hommes et des caprices de la fortune.

D. Que fit Houchard avant d'être arrêté?

R. Profitant de la division qui régnait parmi les coalisés, il les battit complétement à Tourcoing, à Lannoy et à Menin. Dans ce dernier combat, ils perdirent 4000 hommes et plus de 40 pièces de canon.

D. Qu'arriva-t-il après la mort d'Houchard?

R. Une déroute complète à Pirmasens : 4000 Français et toute notre artillerie tombèrent au pouvoir des Prussiens.

D. Cette défaite ne fut-elle pas vengée ?

R. Elle le fut par suite dans une autre défaite. Chassés du camp de Nothweiler, les Français reconquirent le poste important qu'ils n'avaient perdu que parce qu'un des leurs avait découvert à l'ennemi les moyens de s'en emparer.

D. Les généraux en chef étaient-ils déjà maîtres absolus de leurs opérations ?

R. Non, la Convention avait placé près d'eux divers de ses membres, dont la mission était de présider aux commandemens. Cette mesure eut souvent des inconvéniens graves par l'inexpérience des conventionnels, et par la mésintelligence qui régna toujours entre eux et les généraux.

D. Que se passait-il en Espagne ?

R. Le général Dagobert perdait 6000 hommes à Truidas, et, persistant à combattre malgré cette défaite, emportait d'assaut la place de Campredon.

D. Et sur les frontières du Piémont ?

R. Kellermann tuait 2000 hommes à Saint-Maurice, et forçait les Piémontais à rentrer sur leur territoire.

D. Le général Turreau n'eut-il pas vers ces temps un commandement en chef ?

R. Celui de l'armée des Pyrénées-Orientales, et le 15 octobre 1793, il signala sa nouvelle autorité par un combat nocturne au camp du Boulou. La nuit était si sombre, que se prenant mutuellement pour ennemis, les soldats du même parti s'égorgeaient entre eux.

D. Revenons aux places du nord. Maubeuge ne fut-il point assiégé ?

R. Il le fut par le prince de Cobourg qui, voyant les Français marcher au secours de Dunkerque, crut arrivé le temps de sommer sa garnison ; mais Jourdan qui venait de succéder au général Houchard dans le commandement de l'armée du Nord, accourut avec les vainqueurs de Hondschoote, tua 6000 hommes au prince de Cobourg, et délivra Maubeuge. Cette bataille, qui se livra le 13 octobre 1793, est connue sous le nom de Watignies. Les ennemis y occupaient des positions si importantes, que leur chef jura de se faire républicain si les républicains l'en chassaient.

D. La garnison de Maubeuge prit-elle quelque part à sa délivrance ?

R. Non, et son inaction doit être attribuée à ces énergumènes qui, placés dans les camps pour contrôler les opérations. auxquelles ils n'entendaient rien, ne laissaient aux véritables chefs que l'apparence du pouvoir. Le général Chancel ayant ouvert devant eux l'avis de fondre sur les derrières des Autrichiens, tandis que Jourdan les attaquait en front, paya de sa tête un sentiment dicté par la raison, la valeur et le patriotisme. Ce général était, comme ceux qui l'avaient précédé sur l'échafaud, un des plus braves et des plus instruits de l'armée. « *Je ne crains pas le danger,* lui disait un jeune soldat ; *mais, après tant de fatigues, ne peut-on pas désirer un peu de repos et de nourriture? Eh! quel mérite y aurait-il,* répondit Chancel, *à marcher au combat en sortant d'un bon logement et d'une bonne table? Apprenez, jeune homme, que c'est par une longue suite de travaux et de privations qu'il faut acheter l'honneur de mourir pour sa patrie.*

D. Après les défaites de Pirmasens et de Nothweiler, où l'armée française se retira-t-elle ?

R. Dans les lignes de Weissembourg. Elle en fut chassée le 13 octobre par le duc de Brunswick qui, parmi les Prussiens soumis à son commandement, comptait un grand nombre d'émigrés français. Il est à remarquer que nous eûmes l'avantage partout où nous ne trouvâmes que des Prussiens : si l'on veut une preuve éclatante de notre supériorité dans les combats, c'est aux lignes de Weissembourg qu'il faut aller la chercher, puisque les seuls Français résistèrent aux Français. Après l'évacuation, ceux-ci mirent entre eux et l'ennemi les anciennes lignes de la Moder.

D. Les conservèrent-ils ?

R. Assaillis par des forces immensément supérieures, ils furent, après un violent combat, forcés de se reployer derrière la rivière de Souffel. Cet échec déplut tellement au comité de salut public, qu'il retira le commandement aux généraux défaits.

D. Quels successeurs leur donna-t-il ?

R. Deux hommes qui depuis ont joui d'une grande célébrité : Hoche et Pichegru, tous deux pleins de génie, de courage et d'ardeur.

D. Que faisait l'armée opposée aux Piémontais ?

R. Conduite par le vaillant Dugommier,
elle écrasait l'ennemi à Gilette et à Utelle, en
combattant dans la proportion d'un contre
quatre.

D. Et celle de Jourdan ?

R. Elle se partageait pour forcer, par une
diversion sur la Flandre, l'ennemi à se partager lui-même. Ce fut le général Souham qui
commanda le corps de diversion. Il prit à la
baïonnette les villes de Menin et de Marchiennes, qui contenaient pour plus de 10 millions de
munitions de guerre et d'effets de campement.
Marchiennes fut cinq jours après repris par le
duc d'Yorck. Souham n'ayant pas pour objet de
conquérir des provinces, se retira en ordonnant
à la garnison de Marchiennes de suivre son
mouvement ; mais lorsque sa dépêche arriva,
cette garnison était tellement cernée par l'ennemi, qu'il lui fut impossible d'en rien exécuter : préférant la mort aux fers, elle se battit
jusqu'à ce que le nombre l'eût écrasée.

D. Que faisait Jourdan avec le corps principal ?

R. Il attaquait l'ennemi sous les murs de
Guise, et la fortune le seconda tellement,

qu'il se vit sur le point de faire prisonnier le prince de Wurtemberg. Cette opération fut la dernière de la campagne. L'armée de Flandre, celles du Nord et une partie de celles ennemies prirent des quartiers d'hiver.

D. Ne fut-ce point à la suite de cette campagne que le Gouvernement ordonna au vainqueur de Watignies, de mettre la Belgique à feu et à sang s'il ne parvenait à s'en emparer?

R. Oui; mais Jourdan répondit *qu'il était général et non point incendiaire.*

D. Comment le comité de salut public reçut-il cette réponse?

R. Les tyrans sont comme la canaille, ils craignent toujours qui ne les craint point; et le comité crut avoir beaucoup fait en rendant un soldat illustre à son obscurité première.

D. Tous les corps ennemis prirent-ils en même temps des quartiers d'hiver?

R. Non, car après les opérations que je viens de rapporter, les Autrichiens s'emparèrent du fort Vauban, et les Prussiens tentèrent de surprendre la place de Bitche. C'était dans la nuit du 16 au 17 novembre. Conduits par un émigré français, qui connaissait les localités, les Prussiens pénétrèrent jusque dans les ouvrages. Vainement nos soldats, à peine rassemblés, cherchaient à défendre leurs positions, une obscurité désespérante rendait tous leurs efforts inutiles, lorsqu'un citoyen, qui n'avait que sa maison pour fortune, proposa d'y mettre le feu : *elle servira*, leur dit-il, *de torche pour vous éclairer;* et sans attendre que l'on délibérât sur sa proposition, il apporta lui-même la flamme qui devait le réduire aux horreurs de la misère : tant il est vrai que dans un homme libre, l'amour de la patrie l'emporte sur toutes les considérations.

D. Que faisait-on sur les autres points?

R. Dans le comté de Nice, Masséna culbutait 800 Piémontais à Castel-Genest, et les massacrait ensuite avec de l'artillerie, portée à bras sur la pointe des rochers; en Espagne, le comte de La Union reconquérait, sur le général Turreau, des communications importantes que son lieutenant, don Ricardos, avait perdues au combat de Ceret; en Allemagne, Hoche succombait près de Kayserlautern, et conseillait aux conventionnels, qui se répandaient en reproches contre lui, *de prendre à l'avenir un petit bout d'arrêté pour fixer la Victoire;* en France, Pichegru, qui voulait délivrer Landau, soutenait, à Bertheim, un combat d'autant plus acharné qu'il avait des

Français pour adversaires : c'était le duc de Bourbon, à la tête de ce qu'on appelait alors les bataillons nobles. Pichegru enleva, six jours après, le village de Dawendorff, et repoussa jusque sous les murs d'Haguenau les Autrichiens qui le défendaient. Dans ce dernier combat il crut devoir allouer une somme de 1200 fr. au bataillon de l'Indre ; mais les braves qui le composaient répondirent fièrement au général, qu'un soldat trouvait sa récompense dans le succès de ses efforts, et joignirent à la somme qui leur était accordée, celle de 642 fr. qu'ils distribuèrent aux veuves et aux enfans de ceux d'entre eux qui venaient de perdre la vie.

D. La ville de Toulon n'était-elle pas déjà au pouvoir des Anglais ?

R. Un perfide républicain, que la postérité connaîtra sous le nom d'amiral Trogoff, la leur avait livrée le 27 août 1793. Elle fut reprise le 19 décembre, et telle était la lâche férocité de nos ennemis, que la ville entière aurait été la proie des flammes si les forçats n'avaient réparé le mal fait par les Anglais. Toulon n'en fut pas moins saccagée de fond en comble, et, ce qu'il y eut de plus effroyable dans le sort qu'elle éprouva, c'est que, malgré les représentations du général Dugommier, le comité de salut public traita ses habitans comme s'ils avaient tous trempé dans le complot de l'amiral Trogoff.

D. N'est-ce point au siége de Toulon que se distingua, pour la première fois, un personnage devenu fameux dans les annales du monde?

R. Ce personnage était le capitaine d'artillerie Bonaparte, ou, si l'on veut, l'homme le plus étonnant que l'Univers ait produit : c'était un assemblage de toutes les qualités propres à subjuguer les hommes.

D. Fixez mes idées par des détails.

R. Bonaparte joignait aux plus grands talens militaires le génie qui crée, le sang-froid qui combine au sein même des dangers, l'intrépidité qui est la première vertu du soldat, l'imagination qui est la source des prodiges, et cette éloquence du moment qui transporte les guerriers et renverse les empires. Un conventionnel blâmait la position d'une batterie : *faites votre métier de député,* lui dit fièrement Bonaparte, *laissez-moi faire le mien d'artilleur; la batterie restera là, et je réponds du succès.* Tous les canonniers venaient de périr autour de lui ; à l'instant il saisit le refouloir des mains d'un mourant, charge les pièces,

et seul continue le feu. On a parlé long-tem
d'une maladie de peau qu'il avait. Il la gag
dans cet acte de courage : le mourant avait
gale et sa sueur était imprimée sur le refouloi

D. Comment allaient les affaires d'Espagn

R. Secondé par un traître, nommé Dufour
don Ricardos nous enlevait les places de Saint
Elme, de Port-Vendre, et de Collioure, aprè
quoi les deux armées prirent des quartier
d'hiver.

D. Et celles d'Allemagne?

R. Hoche, toujours irrité de sa défaite et
visant à débloquer Landau, réparait sur les
hauteurs de Freschweiler et de Werdt, les
revers que nous avions dans le midi. *A six
cents francs pièce les canons Prussiens*, dit-il
à ses soldats.—*Adjugés*, répondent ceux-ci,
en les enlevant tous. Une légère insurrection
venant à se manifester pour obtenir que les
hostilités ne fussent pas suspendues, Hoche
mit à l'ordre du jour *que les rebelles n'auraient pas l'honneur de marcher au premier
combat*, et tous vinrent à ses pieds implorer
leur pardon. Ce général possédait éminem-
ment l'art de séduire le soldat par la popula-
rité. Comme deux boulets de canon venaient
de lui tuer deux chevaux entre les jambes : *je*

crois, dit-il en riant, *que ces Messieurs voudraient me faire servir dans l'infanterie.*

D. Dans quelle situation était la ville de Landau?

R. Un effroyable bombardement y avait porté tous les ravages de l'incendie, et pour comble de maux, la garnison était livrée aux horreurs de la plus affreuse misère. Toutefois ces ravages et ces maux n'influaient en rien sur le courage des assiégés. Wurmser, qui commandait les troupes ennemies, eut une entrevue avec le général Gilot qui défendait la place. *Ne savez-vous pas,* dit le Prussien, *ce que vous devez à votre nouveau roi Louis XVII?* *Je sais,* répondit le Français, *qu'honoré de la confiance nationale, je dois mourir pour la justifier.*

D. Quel fut le sort de Landau ?

R. Hoche accomplit ce que Pichegru avait vainement tenté. Il délivra cette place en battant complétement l'armée qui l'assiégeait. Cette bataille, qui eut lieu le 26 décembre, près de Geisberg, nous rendit, avec le fort Vauban, les places de Lauterbourg, de Spire et de Guemersheim.

D. Quel emploi Hoche fit-il des approvisionnemens qu'il y trouva ?

R. Il les dirigea sur Landau pour en gra-
tifier les habitans de cette ville. Ceux-ci méritaient en effet d'être récompensés. Depuis
le siége de Lille, nul n'avait montré de dévouement plus absolu, et l'on se rappelle
qu'un pauvre citoyen, nommé Klée, refusa
de secourir sa maison qui brûlait, pour sauver
l'arsenal qui courait les mêmes dangers. *Ma
maison n'est qu'une propriété particulière,*
avait-il dit, *celles de la nation doivent passer
avant tout.* Après cet acte de justice, le général Hoche fit baraquer son armée.

CAMPAGNE DE 1794.

D. Dans quel état était alors l'administration de l'armée ?

R. Confiée au génie intègre et vigilant du
célèbre Carnot, cette administration avait
subi des réformes importantes. Le nouveau
ministre avait fait succéder la discipline à la
licence, et l'ordre aux abus; il avait surtout sup-
primé ces tentes innombrables qui embarras-
saient les corps en multipliant les convois.

D. Sur quel point et à quelle époque donna-
t-on le signal des nouvelles hostilités ?

R. Aux frontières d'Espagne, le 5 février. Surpris au camp des Sans-Culottes, les avant-postes français se reployèrent sur le gros de l'armée; et, commandé par le général Lespinasse, en l'absence du général Frégeville, le feu s'étendit sur tous les points. Les Espagnols furent vaincus et culbutés avec une perte considérable. Ils fuyaient lorsque Frégeville arriva. Modeste autant qu'intrépide, Lespinasse voulut lui remettre le commandement. *« Tu en as trop bien usé*, lui répondit Frégeville, *achèves ton ouvrage, et que la France te doive cette belle journée tout entière.* » On voulait, dans le combat, secourir le sergent major Dougados, qui périssait noyé dans son sang. *« Retournez à votre poste*, dit-il à ceux qui voulaient le sauver; *vous vous devez à la patrie avant de penser à moi.* »

D. Que faisait, en Allemagne, le général Hoche?

R. Voyant le Palatinat mal gardé, il demanda au comité de salut public la faveur d'y porter la guerre; mais jaloux, comme le sont les tyrans, de toutes les grandes réputations, celui-ci ne répondit qu'en plongeant le vainqueur de Geisberg dans les prisons de la Conciergerie. Son crime était de s'être fait chérir du soldat. On sait qu'il n'en est pas de plus irrémissible pour un Gouvernement qui craint les tourmentes révolutionnaires.

D. Par qui Hoche fut-il remplacé?

R. Par le général Jourdan, que nous avons vu disgracié après sa défaite de Vattignies. Nouveau Cincinnatus, Jourdan fit, à sa patrie, le sacrifice de ses ressentimens personnels. On dut s'en applaudir, car dans le même jour (18 avril) il battit 1200 Autrichiens sur les hauteurs de Merzig, et s'empara de la place d'Arlon que défendait un corps considérable.

D. Que faisait Pichegru?

R. Attaqué par des forces beaucoup supérieures aux siennes, il cédait le terrain à Noirieu, à Destreux, à Villars-en-Gauchies, et laissait investir la place de Landrecies que l'ennemi convoitait depuis long-temps.

D. Etions-nous aussi malheureux en Piémont?

R. La victoire y couronnait nos armes. Masséna s'emparait des villes d'Oneille, de Loano, d'Ormeo et de Garessio; le chef de brigade Basdelaune se faisait un brevet de général de division, en se rendant maître du Mont-Valaisan et du Petit-Saint-Bernard; les généraux Macquart et Garnier, de concert avec Masséna, s'emparaient des postes de Saorgio, de Raous et des Fourches, tandis que le général Frégeville soutenait, malgré l'inégalité du nombre, des combats glorieux sur la frontière du Béarn. A ces divers avantages se rattachaient des prises immenses en hommes, en munitions et en matériel.

D. Nos malheurs se perpétuaient-ils sur la frontière du nord ?

R. Pichegru, voulant joindre son armée à une autre de 30,000 hommes que commandait le général Chapuis, écrasa, sur les hauteurs de Bossut, les forces qui s'opposaient à la jonction; mais en même temps Chapuis perdait, à Trois-Villes, 35 canons et 4000 hommes, dans un combat contre les Anglais qui y étaient retranchés. Notre perte fut d'autant plus grande sur ce point, que Chapuis lui-même y périt porteur des plans de Pichegru. Néanmoins les deux armées parvinrent à se réunir le lendemain, 27 avril; mais sans pouvoir empêcher les Autrichiens de s'emparer de Landrecies.

D. Désormais, forte de 50,000 hommes, quelles nouvelles entreprises forma l'armée de Pichegru?

R. La Belgique semblant destinée par son

commerce, ses mœurs, ses limites, à faire partie du territoire républicain, Pichegru fut chargé d'en tenter la conquête. Il avait sous lui les généraux Souham et Moreau. Son début fut de battre 18,000 Autrichiens sur les hauteurs de Moëscrœn, et d'entrer victorieux dans les murs de Menin, de Thuin, et de Courtrai.

D. Que se passait-il aux autres armées ?

R. Dugommier, qui depuis quelque temps avait remplacé Dagobert, délivrait le Roussillon de la présence des Espagnols ; Masséna chassait les Piémontais des retranchemens qu'ils avaient élevés près du village de Tende ; et, pour s'assurer la libre occupation de la Savoie, l'armée des Alpes se mettait en communication avec celle d'Italie.

D. Quels moyens l'ennemi employa-t-il au nord pour s'opposer à la conquête de la Belgique ?

R. L'empereur François II se rendit à Tournay, pour y rédiger ce qu'il appelait un plan de destruction ; mais comme la mésintelligence se mettait parmi les chefs des coalisés, il résolut, pour satisfaire l'orgueil de tous, de diviser l'ensemble des troupes en autant de grands corps qu'il existait de prétendans au commandement en chef. Chacun de ces derniers devint maître absolu du corps qui lui échut en partage, et le duc d'Yorck profita de sa nouvelle autorité pour essayer de couper aux généraux Moreau et Souham, toutes communications avec la place de Lille. Les circonstances lui semblaient d'autant plus favorables, que Pichegru, qu'il regardait comme le seul général capable de lui résister, avait quitté cette partie de la Belgique pour aller ranimer l'ardeur de l'aile droite que plusieurs échecs avaient ralentie. Il en résulta pour les Français une victoire éclatante dans les champs de Tourcoing (18 mai). La gloire en fut attribuée au général Souham; mais non d'une manière tellement absolue, que l'on ne pressentît déjà ce que la patrie pouvait attendre du général Moreau.

D. De quels échecs l'aile droite était-elle donc frappée?

R. Elle venait de perdre 4000 hommes et 30 pièces de canon, par la fougue ridicule du conventionnel Saint-Just, qui prétendait enlever Charleroi, bien qu'il ne possédât aucun des moyens les plus essentiels. Pichegru voulant mettre à profit les avantages remportés à Tourcoing, livra plusieurs combats dont l'issue fut la conquête de la place d'Ypres. Pendant le même temps, Anselme se retirait de Kay-serlautern sur Pirmasens ; et Desaix soutenait glorieusement, contre un corps autrichien, un vif engagement près de Schifferstadt. Se voyant sur le point de faiblir, un officier lui demanda ce qu'il ordonnait : *La retraite de l'ennemi*, répondit Desaix ; et l'ennemi fut en effet culbuté.

D. Quels succès avait le général Dugom-mier sur les frontières d'Espagne ?

R. Il reprenait les places de Saint-Elme, de Port-Vendre, et de Collioure ; forçait leurs défenseurs à se réunir au village de Banyuls-la-Maiso pour y poser les armes ; et, par ordre de la Convention, faisait élever sur la place de ce village, un obélisque portant ces mots :

Ici, sept mille Espagnols déposèrent les armes devant les républicains, et rendirent à la valeur ce qu'ils tenaient de la trahison.

D. Vous ne m'avez pas encore parlé des grands événemens qui, vers ces temps, ont éclaté sur mer.

R. Il s'en passait alors un terrible. Pour faire cesser la famine qui désolait toutes les parties de la France, le Gouvernement avait dirigé sur l'Amérique un convoi chargé de

ramener des subsistances ; et pour mettre ce
convoi à l'abri des tentatives d'une flotte anglaise, que l'on savait partie pour inquiéter
son retour, l'amiral Villaret-Joyeuse se rendait avec une escadre aux îles Coves et Flores,
où il devait l'y joindre. Les deux armées se
rencontrèrent le 1er juin. Ni l'une, ni l'autre
n'avaient envie d'en venir aux mains, et Villaret lui-même avait ordre de ne combattre
qu'à la dernière extrémité ; mais le conventionnel Jean-Bon-Saint-André voulut que l'on
attaquât, et le feu s'étendit avec une égale
fureur. Les deux partis essuyèrent d'effroya-
bles ravages. Villaret perdit six vaisseaux ; mais
il vit jaillir de son malheur même, le plus beau
trait d'héroïsme qui soit dans les fastes du
monde. *Le Vengeur......* que le nom de cet
immortel navire retentisse dans la postérité !
Rasé comme un ponton, et faisant eau partout, il aurait pu se rendre sans flétrir sa
gloire ; mais il préféra s'engloutir, et descendit dans l'abîme aux cris de *vive la liberté !*

« Est-ce un naufrage, est-ce une aimable fête
Dont le douteux spectacle à mes regards s'apprête !
Quelle allégresse brille au front des matelots ?
Je les entends crier dans leur zèle civique :
    Vive la république !
Tomber, et pour jamais s'engloutir dans les flots ! »

D. Que devint le convoi de vivres?

R. Il opéra sa traversée pendant que les deux flottes étaient aux primes.

D. Revenons sur le continent.

R. Tandis que Servan battait les Espagnols à la Croix-des-Bouquets, Souham prenait la ville de Deynse; et Jourdan, celle de Charleroi. Comme le prince de Cobourg ignorait la reddition de cette dernière, il vint avec toutes ses forces pour la délivrer. Jourdan fut au-devant de lui, et tous deux se rencontrèrent dans la plaine de Fleurus. Pour connaître plus précisément les positions de son adversaire, Jourdan fit lancer, à une certaine hauteur, un aérostat portant des hommes, et fixé au sol par des cordages. Ce moyen surnaturel mit la consternation dans les rangs ennemis; mais toutefois sans pouvoir d'un instant différer la bataille. Les avantages se balançaient partout, lorsqu'une explosion de caissons rompit nos rangs et y porta le désordre. *La retraite!* criaient les soldats épouvantés. *Non,* répondit Jourdan, *il faut vaincre ou mourir;* et ce cri glorieux embrasant tous les cœurs, fut, au sein des revers, le signal de la victoire.

D. Que faisait l'armée du Nord?

R. Elle prenait les villes de Nivelles, d'Os-

tende , de Mons , de Bruxelles ; culbutait partout les corps qui s'opposaient à son passage ,
et, pour doubler ses forces, se joignait à l'armée
de Sambre-et-Meuse.

D. Et l'armée du Rhin ?

R. Portée à 28,000 hommes , elle écrasait
dans les retranchemens de Platzberg le général Mollendorff , qui avait commis la faute de
ne pas l'attaquer lorsqu'elle n'était que de
18,000.

D. Et celle de la Moselle ?

R. Elle obtenait au camp de Tripstadt des
succès éclatans : l'ennemi perdit dans ce combat son artillerie , ses magasins , 5000 hommes
et son courage.

D. Qu'entreprirent les armées du Nord et
de Sambre-et Meuse après leur jonction ?

R. Cette jonction n'ayant pas reçu l'agré-
ment du comité de salut public , les deux armées furent obligées de se séparer de nouveau.
Malgré l'énorme faute que fit ici le comité ,
Louvain et Malines tombèrent en notre pouvoir. Des succès si rapides portèrent la Convention à décréter , non-seulement l'investis-
sement des places que l'ennemi n'avait point
évacuées , mais encore la peine de mort contre
toute garnison qui ne se rendrait pas dans les

vingt-quatre heures qui suivraient la sommation de le faire. Effrayés de ce décret, les
Autrichiens, que Schérer bombardait depuis
quelques jours, nous rendirent la place de
Landrecies. Peu de jours après, Namur, Anvers, Liége, Nieuport et l'île de Cassandria
se rendirent également.

D. Ne se passait-il rien dans l'île de Corse?

R. Le conventionnel Paoli s'y étant fait un
parti considérable, essayait de la soustraire
aux républicains pour la faire passer sous la
domination des Anglais. On envoya contre
lui le général Lacombe-Saint-Michel, et ils
commencèrent une série de violens combats.
Paoli aurait infailliblement succombé si, chassés de Toulon, les Anglais n'étaient venus à
son secours ; mais ce renfort fit que nous perdîmes, avec les places de Calvi et de Bastia,
l'île de Corse tout entière.

D. Quelles opérations signalaient l'armée
d'Espagne ?

R. Les généraux Frégeville, Delaborde et
Moncey, s'emparaient des vallées de Ronce-
veaux et de Bastan, du camp de Saint-Mar-
tial, des places de Tolosa, de Saint-Sébastien
et de Fontarabie ; Dugommier qui, malgré
plusieurs perfidies du comte de La Union ,

venait d'entrer en vainqueur dans Bellegarde, battait, avec 25,000 Français, 50,000 Espagnols à la montagne Noire, et succombait ensuite sous le poids de ses propres lauriers ; Pérignon profitant des terreurs de l'ennemi, prenait la place de Figuières, et s'entendait dire par un des officiers vaincus : *Si, au lieu de 10,000 Espagnols, j'avais eu sous mes ordres 5000 Français, vous n'auriez jamais été maître du fort.* La campagne de 1794 se termina sur ce point par un avantage considérable, que Moncey remporta le 28 novembre sur 8000 Espagnols retranchés à Bergara.

D. Comment la fortune nous servit-elle au Nord ?

R. D'un côté, nous éprouvions un échec à Kayserlautern ; mais, de l'autre, les Autrichiens étaient forcés de nous rendre les places de Trèves, de Valenciennes et du Quesnoy. Lorsque Schérer somma le commandant du Quesnoy d'ouvrir ses portes, s'il ne voulait pas que sa garnison fût passée au fil de l'épée, ce commandant répondit qu'*une nation n'avait pas le droit le décréter le déshonneur d'une autre, et que, dans tous les cas, il saurait faire respecter la sienne.* Il tint parole pendant vingt jours, c'est-à-dire, jusqu'à ce qu'il ne lui restât plus aucun moyen de dé-fense ; et lorsqu'il se vit forcé de capituler, il compléta son héroïsme, en déclarant que sa garnison n'ayant jamais eu connaissance de la sommation faite, il devait être considéré comme le seul rebelle aux ordres de la Convention. Schérer le fit conduire à Paris ; mais comme il ne figura sur aucune des listes de cette sanglante époque, on se plaît à croire qu'il fut traité en prisonnier de guerre.

D. A quelles opérations se livrait l'armée de Sambre- et-Meuse ?

R. Elle culbutait les Autrichiens près de Liége, investissait Maestricht, prenait Aix-la-Chapelle, remportait une victoire éclatante dans la belle plaine d'Aldenhoven, et soumettait à son joug la place de Juliers, qui contenait d'immenses approvisionnemens.

D. Et celle du Nord ?

R. Elle forçait les 7000 hommes dont se composait l'avant-garde du duc d'Yorck, de poser les armes dans les marais de Boxtel, prenait Berg-op-Zoom, Bréda, Bois-le-Duc, et rejetait avec une perte considérable les Anglais sur la rive opposée de la Meuse et de l'Aa.

D. Ne reprocha-t-on pas à Pichegru de n'avoir pas profité de ses succès ?

R. Oui, et le général Daendels le lui dit même d'une manière assez crue ; mais Pichegru s'en excusa sur ce que la carte du pays ne donnait pas de détails suffisamment instructifs. Si l'on en juge par l'épouvante des Anglais, Pichegru n'aurait pas rencontré de résistance invincible : on se rappelle qu'un tambour de dix-huit ans fit à lui seul dix prisonniers.

D. Que fit ensuite Pichegru ?

R. Ayant dans la ville de Bois-le-Duc une base à ses opérations, il défit les Anglais dans les marais d'Oude-Watering, et fit prendre Venloo par le général Laurent, tandis que, de son côté, l'armée du Rhin s'emparait de Rheinfels prêt à sauter avec elle, et se réunissait à l'armée de la Moselle pour investir Mayence.

D. Maestricht, que Jourdan avait fait investir, parvint-elle à nous résister ?

R. Cette place, qui avait bravé pendant trois mois les 100,000 hommes de Louis XV, se rendit, après onze jours de tranchée, aux 40,000 du général Kléber. Nous dûmes en partie cette prompte reddition aux assiégés eux-mêmes. La garnison du fort Saint-Pierre sachant qu'un détachement français gardait l'entrée des carrières qui communiquaient aux casemates , descendit dans les casemates pour égorger le détachement ; mais celui-ci prêtant l'oreille , entendit un bruit sourd qui lui découvrit sa véritable position : s'élancer dans le souterrain , culbuter les troupes qui le franchissaient, arriver aux casemates, et s'emparer du fort , se fit aussi rapidement que la pensée. Quatre jours après , c'est-à-dire , le 8 novembre , Nimègue , qui contenait 1200 hommes , et que protégeaient 30,000 Anglais rassemblés sur le Wahal , se rendit au général Souham. Les assiégés essayèrent de chercher un refuge dans le camp anglais ; mais un boulet de canon venant à couper le cable de leur bac , ces malheureux se virent abandonnés à la merci des flots. Voyant que leurs alliés se bornaient à les regarder périr , Souham envoya plusieurs canots pour les sauver.

D. N'est-ce point alors que la Convention décréta l'invasion de la Hollande ?

R. Oui, et le général Moreau fut chargé de cette expédition. Il débuta par attaquer sur des bateaux l'île de Bommel et le fort de Grave ; mais il arriva ce qu'il arrive toujours lorsque les lauriers du succès ne viennent pas justifier les entreprises du courage. On déclara la chose inexécutable, et absolue la nécessité d'y renoncer.

D. En était-il réellement ainsi ?

R. Pichegru prouva le contraire. Voyant qu'un froid de 17 degrés couvrait d'une glace épaisse les rivières, les canaux et les inondations de la Hollande, il conçut l'ingénieuse idée de conquérir le pays en adaptant des crampons de fer aux talons de ses soldats. Pour exécuter son projet, il quitta Bruxelles, où l'administration de la Belgique l'avait retenu jusqu'alors, se remit à la tête de l'armée, fit ses dispositions et courut à l'ennemi. C'était un véritable enchantement que de voir une armée se déployer avec tout son matériel sur les obstacles mêmes que ses ennemis lui avaient opposés. Vainement le Stathouder épouvanté demanda la paix, Pichegru, qui avait un intérêt majeur à terminer sa conquête avant la fonte des glaces, répondit qu'il ne recevrait de propositions que dans les murs d'Amsterdam. Je ne détaillerai point les villes qu'il prit. Il me suffira de dire qu'il les conquit toutes en trente-cinq jours. Entré le 20 janvier dans Amsterdam, il sut y maintenir un si grand ordre et y inspirer tant de confiance, que tout, jusqu'aux opérations de la Bourse, s'y fit comme d'habitude. Les Hollandais virent surtout avec admiration cette inscription que les conventionnels avaient fait graver en lettres d'or sur le frontispice de leur palais : *Nous voudrions que la maison des représentans du peuple fût de verre, pour que le peuple pût être témoin de toutes leurs actions.*

D. Que faisaient les Anglais ?

R. Ils cherchaient à nous disputer les provinces de Frise, de Groningue et d'Over-Issel ; mais ils ne surent ni conserver leurs positions, ni les perdre avec honneur. Tout fut soumis ; et pour imprimer au triomphe des républicains le sceau de l'immortalité, l'armée navale des Anglais fut prise par la cavalerie française, dans les glaces du Texel où elle était arrêtée.

CAMPAGNE DE 1795.

D. Dans quelle position se trouvaient les différentes armées avant que le printemps eût ramené les combats ?

R. Belle et glorieuse, si l'on en excepte celle des Pyrénées-Occidentales, qui éprouvait dans ses quartiers d'hiver toutes les horreurs d'une cruelle épidémie.

D. Qui donna le signal des nouvelles hostilités ?

R. Le général Pérignon ; divisant en deux corps l'armée des Pyrénées-Orientales, il r'ouvrit la campagne dès le 16 janvier sur les bords de la Fluvia. Son premier corps fut chargé de la conservation de Figuières ; avec le second, il porta le siége devant Roses.

D. Quels succès obtint-il ?

R. L'évacuation de la place au moment où le feu redoublé de cent pièces de canon donnait les moyens de la prendre d'assaut. Ce siége offrit de remarquable que les bouches à feu furent portées à bras sur une montagne regardée jusqu'alors comme inaccessible, et dont le front dominait de plus de 2000 toises le niveau de la mer. Lorsque Pérignon le proposa aux ingénieurs, ceux-ci déclarèrent l'entreprise impossible. *C'est l'impossible que je veux,* répondit le général ; et, fière d'être destinée à l'accomplissement d'un tel prodige, l'armée ouvrit dans les flancs du rocher un chemin qui, se développant en spirale sur trois lieues d'étendue, la porta comme en triomphe au sommet de la montagne.

D. Dans quelles dispositions étaient les puissances continentales relativement à la république française ?

R. Epuisées d'hommes et d'argent, toutes désiraient plus ou moins la paix. Le roi de Prusse fut le premier qui en manifesta le vœu. Il soupçonnait d'ailleurs l'empereur François II de vouloir immoler la Prusse à la sûreté de l'Autriche, et le 5 avril 1795, le roi Frédéric obtint la paix en cédant à la France les provinces qu'il possédait sur la rive gauche du Rhin. Il serait impossible de dire la joie que cette nouvelle répandit dans le sein de la Convention, du peuple et de l'armée. Toute la nation s'était soulevée contre les ennemis de son indépendance, et toute la nation s'attribua l'honneur de les avoir vaincus. On voyait avec une sorte de fierté l'orgueil des rois cédant au seul patriotisme : j'en cite pour exemple cette noble émanation du plus brillant génie qu'un saint enthousiasme avait gravée dans tous les cœurs ;

Accoutumons des rois la fierté despotique
A traiter en égale avec la république ;
Attendant que, du ciel remplissant les décrets,
Quelque jour avec elle ils traitent en sujets.

(49)

D. Que faisait-on vers ces temps sur les différens points ?

R. Pérignon teignait du sang espagnol les eaux de la Fluvia ; Moncey qui d'abord semblait avoir les destins contre lui , écrasait les forces rassemblées au camp de Marquirnechu ; Kellermann s'emparait en Piémont du col de Monté ; et réunissant à l'armée du Rhin les divisions de celles du Nord qui devenaient inutiles en Hollande, le comité de salut public faisait investir les places de Mayence et de Luxembourg. La première résista constamment. Quant à la seconde , quoique défendue par 12,000 hommes bien portans et richement approvisionnés, elle se rendit le 1ᵉʳ juin 1795, à 11,000 Français, que les maladies, les fatigues et les privations avaient rendus semblables à des spectres décharnés.

D. Le comité de salut public ne confia-t-il point une ambassade au général Pérignon ?

R. Victime à son tour de l'amour que lui portait l'armée, ce général fut remplacé par Schérer, officier totalement dépourvu des grands moyens qu'exige un commandement en chef. Schérer remporta cependant divers avantages sur la Fluvia ; mais quelques efforts qu'il fît, il ne put jamais parvenir à effectuer le

3

passage de cette rivière. De son côté, Moncey triomphait avec une étonnante rapidité. Parvenu à se rendre maître de toute la province de Bilbao, il se disposait à marcher en avant, lorsqu'une dépêche lui annonça qu'entraîné par l'exemple de la Prusse, le roi d'Espagne venait de signer la paix avec la république française. A cette nouvelle, les armées de Schérer et de Moncey prirent des cantonnemens.

D. Que faisait l'armée d'Italie ?

R. Elle soutenait sur les frontières de Piémont une foule de combats d'autant plus acharnés, qu'elle avait à défendre l'intégrité du territoire contre des légions bien supérieures en nombre. Kellermann venait de tuer ou disperser, avec 500 hommes, 3000 Piémontais qui étaient venus l'attaquer dans le poste fortifié de Campo-di-Pietri, lorsque Schérer vint, suivi de 12,000 hommes tirés d'Espagne, le remplacer dans son commandement. Si ce dernier s'était trouvé abandonné à ses propres talens, il aurait probablement perdu toutes les contrées que son prédécesseur avait conquises ; mais, éclairé des conseils de Masséna, qui déjà commençait à briller parmi les généraux, il remporta, dans les champs de Loano, une des victoires les plus complètes de cette guerre. C'était le 24 novembre. Il fallait marcher à l'ennemi ; et, pour traverser les neiges, les glaces, les bois et les rochers, les soldats manquaient totalement de chaussure. Ce puissant motif ne put les arrêter ; chaque soldat s'en fit avec des chiffons fixés par des lanières, et montrait, en riant, ces escarpins de nouvelle espèce. 4000 morts, 5000 prisonniers, un matériel immense et l'occupation des villes de Savone et de Vado, furent le glorieux résultat de cette éclatante journée. Certain de n'être point inquiété, Schérer fit prendre des quartiers d'hiver ; et comme il s'attachait à réprimer les dispositions maraudeuses du soldat, ceux qui le connaissaient disaient fort plaisamment *qu'il ne châtiait les pillards que par jalousie de métier.*

D. Que devenait l'armée de Sambre-et-Meuse ?

R. Déployée entre Neuss et Coblentz, elle franchissait le Rhin sous le feu doublé de 200 pièces de canon qui, échangeant leurs boulets avec un effroyable mugissement, la couvraient tout entière d'une voûte de fer, de flamme et de fumée. Jourdan qui, dès le premier jour, s'empara de Dusseldorff, poursuivit ses succès, défit l'ennemi en cent endroits, et sans offenser en rien les droits de la neutralité prussienne, porta le siége devant Mayence, que, de son côté, Pichegru avait déjà fait investir. Ce dernier n'était plus le héros qu'admiraient les héros du monde entier. L'ambition avait flétri son cœur, et il trafiquait de ses sermens pour livrer sa patrie. Qui le croirait? Malgré les affreux soupçons qui planaient sur sa tête, Pichegru fut préféré à Jourdan pour le commandement en chef des deux armées réunies. Il jeta 10,000 hommes dans Manheim, et déclara qu'ayant des ressources suffisantes dans les réquisitions dont il était libre de frapper le pays conquis, la république pouvait être sans inquiétude sur cet objet. Mais ce n'était qu'un raffinement de trahison. Ainsi qu'il le prévoyait, la misère, la défiance, l'insubordination, ne tardèrent point à se mettre dans l'armée. Cette armée naguère si brillante, si confiante, si soumise, ne fut bientôt qu'un ramas de bandes indisciplinées qui, dévorées par le besoin, se révoltaient contre leurs propres chefs.

Quand Pichegru jugea la position des Français suffisamment critique, il en prévint l'ennemi. Celui-ci revint à la charge, et bientôt l'armée française se trouva rejetée, avec une horrible confusion, sur l'autre rive du fleuve qui lui avait coûté tant de peine à franchir. On aime à citer l'admirable conduite que tint dans cette déroute le jeune capitaine Marmont, aujourd'hui duc de Raguse ; et l'on observa qu'il n'existait point alors dans l'armée un soldat à qui la conduite de Pichegru inspirât plus d'horreur.

Tandis que l'armée soutenait sur la rive gauche du Rhin une série de combats plus ou moins acharnés, le général Montaigu, isolé par Pichegru dans Manheim avec ses 10,000 compagnons, tendait ses vénérables mains aux fers de l'esclavage. — Cependant, fatigué de travaux meurtriers et sans fin, le général autrichien Clairfait commençait à sentir le besoin d'une suspension d'armes. Il la conclut avec Jourdan, au défaut de Pichegru qui refusait d'y consentir, et le cours de la Nahe fut choisi pour la ligne de démarcation.

CAMPAGNE DE 1796.

PREMIÈRE GUERRE D'ITALIE.

D. QUELS étaient nos adversaires en Italie?

R. D'abord les légions que nous avions vaincues, ensuite celles de Rome, de Naples, de Parme, de Modène, de Gênes, de Venise, que l'empereur d'Autriche s'était attachées, et qui formaient, avec les siennes, un effectif de 150,000 combattans.

D. Qu'avions-nous à leur opposer?

R. 35,000 hommes au plus.

D. Quels étaient les deux généraux en chef?

R. Chez les Autrichiens, Beaulieu; chez les Français, Bonaparte. Ce dernier est l'officier d'artillerie dont j'ai parlé au siége de Toulon.

«Nul ne sut mieux que lui le grand art de séduire,
Nul sur ses passions n'eut jamais plus d'empire,
Et ne sut mieux cacher sous des dehors trompeurs
Des plus vastes desseins les sombres profondeurs. »

D. Où commencèrent les hostilités?

R. A Montenotte, le 11 avril 1796. Les Autrichiens, qui se liaient par leur gauche aux Piémontais, campés à Dégo, eurent d'abord une ombre d'avantages ; mais l'intrépidité du colonel Rampon, qui, renfermé dans une redoute, soutint avec 1200 hommes l'assaut réitéré de 12,000 ennemis, contribua puissamment à changer la fortune. Tranquille sur la résistance de Rampon, Bonaparte tailla les Autrichiens en pièces, et fit culbuter, par Masséna, les Piémontais qui venaient à leur secours.

D. Où se retira le général Beaulieu?

R. A Millesimo. Il était défait, mais non tellement qu'il ne pût encore se joindre aux Piémontais.

D. Quel était l'esprit de l'armée?

R. Mauvais. Jamais, à la vérité, on n'avait vu d'aussi profonde misère que celle qui régnait alors. Les soldats manquaient de tout. *Voici les champs de la fertile Italie,* leur dit Bonaparte ; *l'abondance est devant vous, il faut la conquérir.* Ce peu de mots calme les esprits ; on court aux armes, on marche au feu ; et, culbutés de nouveau, les Autrichiens nous cèdent l'entrée du Piémont.

D. Citez-moi quelques traits éclatans de courage.

R. Suivi de six grenadiers, le général Joubert eut l'audace d'attaquer 1500 Autrichiens retranchés dans les ruines d'un château. Ses compagnons y périrent, et lui tomba blessé presque mortellement.

D. Quelle fut la perte de l'ennemi à Millesimo ?

R. 12,000 hommes, 22 canons, et 15 drapeaux.

D. Beaulieu ne vengea-t-il pas cette défaite ?

R. Il tenta de nous surprendre dans Dégo; mais sa nouvelle attaque ne fut qu'un nouvel échec. C'est à cette occasion que le Directoire témoigna son contentement aux généraux Bonaparte, La Harpe, Rampon et Vignolles.

D. Ces témoignages étaient fondés; mais en prenant l'offensive, Bonaparte n'avait-il pas désobéi au Directoire ?

R. C'est l'opinion générale; mais on ne punit point les fautes que le succès justifie. Si pourtant l'ordre dont on parle fut en effet donné, Bonaparte fit, en ne s'y conformant pas, un coup de témérité qui pouvait le conduire à l'échafaud. Ou ce général fut bien imprudent, ou il était bien sûr de ses plans de campagne.

D. Que firent les Piémontais après la défaite de Beaulieu ?

R. Le général Colli, qui commandait, crut

ne pouvoir sortir du mauvais pas où il se trouvait engagé, qu'en se retranchant sous les
murs de Céva.

D. Parvint-il à s'y maintenir?

R. Il en fut chassé, le 17 avril, par le général Augereau. Atteint, à Mondovi, il perdit
2000 hommes, huit bouches à feu et 15 caissons; nous céda Mondovi, Fossano, Besnes,
la Trinita, Cherasco, Carignano, Alba, et se
retira sous les murs de Turin pour défendre
au moins la capitale du Piémont. « Soldats, dit
alors Bonaparte à l'armée, vous avez en quinze
jours remporté 6 victoires, pris 21 drapeaux,
5o pièces de canon, plusieurs places fortes,
conquis la partie la plus riche du Piémont;
vous avez fait 15,000 prisonniers, tué ou
blessé plus de 10,000 hommes..... Mais, soldats, il ne faut pas le dissimuler, vous n'avez
rien fait puisqu'il vous reste encore à faire;
ni Turin, ni Milan, ne sont à vous; les cendres des vainqueurs de Tarquin sont encore
foulées par vos ennemis...... »

D. Que fit le roi de Sardaigne en voyant les
succès de nos armes?

R. Il trembla pour ses états et demanda
la paix. La paix lui fut accordée; mais à des
conditions si dures, que les plus cruelles

chances de la guerre, ne pouvaient être plus funestes pour sa puissance.

D. Détaillez-moi quelques-unes de ces conditions.

R. L'abandon de la Savoie, ainsi que des comtés de Nice, de Beuil et de Tende; l'occupation, par nos troupes, de huit d'entre les principales forteresses; le passage pour les renforts que la France enverrait en Italie; la démolition de cinq places fortes désignées; et l'interdiction de toute construction ou réparation d'ouvrages sur la frontière du sol républicain. Il est facile de sentir combien la situation de l'armée d'Italie devint prépondérante par ce traité.

D. Que fit le général Beaulieu à la nouvelle de cette paix?

R. Il sentit que la perte d'un allié le réduirait à la nécessité de se retirer derrière le Pô, et il passa ce fleuve pour couvrir le Milanais. Ce fut vainement, les Français le franchirent à leur tour; et, défait partout où il tenta de résister, Beaulieu fut rejeté jusque sur l'autre rive de l'Adda.

D. Quel effet produisit cette retraite sur les princes de l'Italie?

R. Celui qu'avait produit sur le roi de Sardaigne notre marche sur Turin. Pour conjurer l'orage, le grand-duc de Toscane fit cesser les vexations que les Anglais exerçaient contre nos vaisseaux dans le port de Livourne ; et l'infant duc de Parme fit, au général Bonaparte, des propositions d'accommodement.

D. Comment furent-elles reçues ?

R. Avec toute la joie que pouvait donner un ennemi de moins à combattre. Ce fut Bonaparte qui dicta le traité. L'infant s'obligeait à fournir 2 millions de francs, 1200 chevaux de trait garnis de leurs colliers, 400 chevaux de dragons, 100 chevaux de selle pour les officiers supérieurs de l'armée, 10,000 quintaux de blé, 5000 quintaux d'avoine, 2000 bœufs, et 20 tableaux, librement choisis par le vainqueur, dans les galeries de Parme et de Plaisance. Tremblant de perdre la communion de saint Jérôme, le duc offrit 2 millions à Bonaparte, pour conserver cet admirable tableau. «*Honoré de la confiance de la république, je n'ai pas besoin de millions,* répondit le général en chef. *Tous les trésors des deux duchés ne valent point à mes yeux la gloire d'offrir à ma patrie un chef-d'œuvre du Dominiquin.*

D. La république de Venise ne trembla-t-elle pas aussi pour son indépendance ?

R. Elle eut des craintes si vives, qu'elle obligea de quitter Vérone, Monsieur, frère de Louis XVI, qui s'y était retiré. Indigné d'une pareille violence, ce prince voulut, avant de partir, que l'on rayât sa famille du livre d'or, et qu'on lui rendît l'épée, dont son aïeul Henri IV avait fait présent à la république; mais ce fut en vain qu'il insista pour l'épée, il ne put obtenir que sa radiation.

D. Qu'allégua donc le sénat de Venise pour justifier son refus?

R. Une dette de 12 millions contractée envers les Vénitiens par le vainqueur de la Ligue. *Payez-la,* dit au prince le marquis de Carlotti, *et l'épée vous sera remise sans diffi- cultés :* réponse plus digne d'un usurier prêtant sur gage, que du représentant d'un sénat souverain.

D. Revenons au général Beaulieu. Que faisait-il sur l'Adda?

R. Il se fortifiait sur l'autre rive pour nous interdire le passage de la rivière. 30 bouches à feu, placées à la tête du pont, semblaient un obstacle insurmontable; et déjà nos têtes de colonne commençaient à hésiter, lorsque les généraux Berthier, Masséna, Cervoni, Dal- lemagne, se précipitèrent devant elles, et for-

cèrent les destins de servir les Français. Réduite de 5ooo hommes et de 20 pièces de
canon, l'armée de Beaulieu se retira en déroute
sur les états de Venise, tandis que celle de
Bonaparte entrait victorieuse dans les murs
de Milan.

D. Bonaparte s'endormit-il dans son triomphe?

R. Loin de le faire, il mit sur-le-champ une
forte colonne à la poursuite des Autrichiens.
Ce fut alors que tremblant à son tour, le
duc de Modène demanda un armistice. Bonaparte y consentit, à condition que ce duc
paierait à la république 5 millions de francs,
et 20 tableaux à choisir; mais au lieu de rem-
plir ses engagemens, le vaincu prit le lâche
parti de s'enfuir dans Venise avec tous ses
trésors.

D. Qu'était devenu Beaulieu ?

R. Voulant conserver la seule place, dont
dépendait encore l'existence des Autrichiens en
Italie, il s'était arrêté sous les murs de Mantoue; et là, renforcé de divers corps qui lui
étaient arrivés par la Carinthie, il se disposait
à reprendre l'offensive au premier instant.

D. Bonaparte ne chercha-t-il point à la
conserver?

R. Ce fut toujours et son principe et son but. Pour entretenir au sein des légions le feu sacré de l'enthousiasme, il leur adressait des proclamations pleines de ce patriotisme qui séduit et ravit tous les cœurs. «Vos succès ont porté la joie dans le sein de votre patrie, dit-il; vos représentans ont ordonné une fête dédiée à vos victoires, célébrée dans toutes les communes de la république. Là, vos pères, vos mères, vos épouses, vos sœurs, vos amantes, se réjouissent de vos succès, et se vantent avec orgueil de vous appartenir. »

D. Qu'avait ordonné Bonaparte en entrant dans Milan ?

R. Une contribution de 20 millions payable seulement par les nobles et les prêtres.

D. Fut-elle strictement acquittée ?

R. Il fallut déployer d'abord tout l'appareil des vengeances ; car à peine le général en chef se fut éloigné des murs de Milan, que les deux castes frappées soulevèrent contre les Français la masse entière de la population.

D. Par quel moyen ?

R. En renvoyant tous les domestiques dont elles se servaient, sous prétexte que l'égalité républicaine n'admettait aucune espèce de servitude. Retournant porter la désolation dans leurs familles, ces malheureux furent comme autant de canaux empoisonnés qui porteraient la mort dans toutes les parties d'une belle campagne.

D. Que fit Bonaparte en cette occasion ?

R. Il se rendit rapidement sur tous les points insurgés. Milan, Pavie, Binasco, furent réduits moins par la persuasion que par la force. « Si le sang d'un seul Français avait été versé, dit-il au directoire, je voulais faire élever des ruines de Pavie, une colonne sur laquelle j'aurais fait écrire : *Ici était la ville de Pavie.* J'ai fait fusiller la municipalité, arrêter 200 ôtages que j'ai fait passer en France. Tout est aujourd'hui parfaitement tranquille, et je ne doute pas que cette leçon ne serve de règle aux peuples de l'Italie. »

D. En servit-elle réellement ?

R. Désabusé sur sa force et nos intentions, le peuple déclara ne plus connaître d'autorité que celle du directoire français, et Bonaparte profita de ce changement subit pour proclamer le gouvernement républicain, depuis les montagnes de Chiavenna jusqu'au confluent du Pô et de l'Oglio. Dès ce moment, les habitans de ces contrées combattirent avec nous ; et par un singulier raffinement de politique, leur solde fut mise à la charge des princes qui, menacés par eux, imploraient chaque jour l'amitié de la France. Tels étaient, par exemple, le roi de Naples et le souverain pontife.

D. Quel était alors le mouvement des armées?

R. Bonaparte passait le Mincio, et forçait Beaulieu de se reployer sur Mantoue avec une perte considérable.

D. L'esprit de l'armée était-il meilleur qu'au commencement de la campagne?

R. Jugez-en par ce qu'en dit Bonaparte au directoire : « Rien n'égale l'intrépidité des soldats, si ce n'est la gaîté avec laquelle ils font les marches les plus forcées.

> » Ils chantent tour-à-tour,
> La patrie et l'amour.

» Vous croiriez qu'arrivés à leurs bivouacs, ils doivent au moins dormir? Point du tout, chacun fait son plan d'opération du lendemain, et souvent on en rencontre qui voient très-juste. L'autre jour je regardais défiler une demi-brigade, un chasseur s'approche de mon cheval : *Général*, me dit-il, *il faut faire cela.* — *Malheureux!* lui répondis-je, *veux-tu bien te taire?* C'était justement ce que j'avais ordonné que l'on fit. Je l'ai fait chercher en vain, il avait disparu. »

D. Quel événement suivit le passage du Mincio ?

R. L'occupation de Vérone.

D. Cette place appartenant aux Vénitiens, n'y eut-il pas au moins violation de la neutralité ?

R. Venise ayant permis aux Autrichiens d'occuper Peschiera, cette neutralité se trouvait rompue par le fait. J'ai dit que le frère de Louis XVI avait été forcé de quitter Vérone. Ce fut heureux pour cette ville. « Je n'ai pas caché aux habitans, dit Bonaparte dans son rapport, que si le roi de France n'eût évacué Vérone avant mon passage du Pô, j'aurais fait mettre le feu à une ville assez audacieuse pour se croire la capitale de l'empire français. »

D. De Vérone où se porta Bonaparte ?

R. Sous Mantoue que défendait Beaulieu, et qu'il tint étroitement bloquée. Apprenant ensuite que de nouvelles insurrections éclataient dans le feudi-impériale, il remit le commandement du blocus au général Serrurier, et se porta de sa personne au foyer de la révolte. Quelques exemples suffirent pour faire rentrer les séditieux dans le devoir. Ce fut alors qu'il exigea de chaque commune deux ôtages pour garans de sa fidélité, et qu'il rendit les curés et les officiers municipaux responsables, sur leur tête, de l'exécution des ordres qu'il donnait.

D. N'est-ce point après cette expédition que Bonaparte marcha sur Rome?

R. Conquérir l'empire des Césars était, depuis long-temps, un dessein qu'il caressait. Il y marcha donc; mais à peine les villes de Bologne, de Ferrare et de Faenza furent-elles en son pouvoir, que le pape demanda un armistice.

D. Le lui accorda-t-on?

R. Oui, mais à des conditions un peu dures. Indépendamment des légations de Bologne et de Ferrare, Pie VI abandonnait à la France toutes les côtes du golfe Adriatique, depuis les embouchures du Pô jusqu'à la citadelle d'Ancône; il payait à la république 21 millions de francs, et le vainqueur se réservait le droit de diriger sur Paris tout ce qui pourrait lui convenir dans la bibliothèque et la galerie du Saint-Père.

D. Après cet armistice, où se porta Bonaparte?

R. Sur Livourne, dont il s'empara pour mettre un terme aux violations de la neutralité. Toute l'Europe sait que cette ville facilitait aux Anglais la prise des bâtimens que nous avions dans son port.

D. Toutes les parties de l'Italie étaient-elles parfaitement tranquilles?

R. Soulevée par des prêtres, la ville de Lugo était en pleine insurrection. On portait en triomphe les têtes des Français journellement égorgés dans ses murs, et chaque instant était marqué par des atrocités nouvelles. Augereau y fut envoyé, et bientôt cette ville ne fut plus qu'un horrible mélange de poussière et de sang.

D. Comment allait le blocus de Mantoue?

R. Encore quelques jours, et cette place était en notre pouvoir; mais apprenant qu'une seconde armée autrichienne s'avançait, commandée par Wurmser, au secours de Beaulieu, Bonaparte quitta Mantoue pour courir à ce nouvel ennemi.

D. Où l'atteignit-il?

R. Entre Salo et Trente, Bonaparte débuta par s'emparer de Lonado. Il était dans cette ville avec 1200 hommes, lorsque toutes les vedettes se reployèrent en criant aux armes!

Dans le même instant un parlementaire se présenta. Il annonçait que toutes les routes étaient interceptées, et que la garnison de Lonado n'avait d'autre ressource que celle de se rendre à discrétion. *Cela ne peut être*, dit Bonaparte, *qu'on m'amène le parlementaire. De quel droit*, lui dit-il, *venez-vous sommer un vainqueur au milieu de son quartier-général et de son armée? Allez dire à celui qui vous envoie que, s'il a prétendu insulter les républicains, je suis là pour les venger. Je sais que sa troupe n'est qu'une des colonnes coupées par celles de mes divisions qui occupent Salo et Trente. Dites-lui que si, dans huit minutes, il n'a pas mis bas les armes, je le fais fusiller lui et sa troupe.*

D. Que fit l'Autrichien ?

R. Il se rendit avec 4000 hommes qu'il commandait. C'est un des coups les plus habiles de Bonaparte. Il porte en soi cette conséquence d'une éternelle vérité, qu'il n'est pas de position désespérée pour un véritable homme de guerre.

D. Quel était le plan de Bonaparte en quittant Mantoue pour aller attaquer l'armée de Wurmser ?

R. D'empêcher sa jonction avec celle de

Beaulieu, jonction dont l'effet eût rendu fort critique la brillante position des Français.

D. Y parvint-il?

R. La journée de Castiglione en est un immortel témoignage. Wurmser y perdit 20,000 hommes, 18 bouches à feu, tous ses caissons d'infanterie, et fut chassé avec une perte considérable, des rives du Mincio dans les montagnes du Tyrol. Ce fut alors que se fit entre les deux partis un échange de prisonniers. C'était pour nous un avantage évident; car, pour des hommes découragés, on nous rendait des soldats affamés de gloire.

D. L'arrivée de Wurmser avait-elle fait quelque impression en Italie?

R. Elle avait réveillé l'espoir des ennemis de la France. Nous croyant déjà vaincus, le pape nous reprit le Ferrarais qu'il nous avait cédé, et une vive insurrection se manifesta dans les murs de Crémone et de Casal-Maggiore.

D. Que produisit sa défaite?

R. La fin de tous les troubles. Le pape seul s'obstina à conserver le Ferrarais.

D. Comment se conduisirent dans le danger les habitans de la Lombardie?

R. Avec un dévouement sans bornes au

parti républicain. C'est ce qui leur fit dire par Bonaparte : « Chaque jour votre peuple se rend plus digne de la liberté ; il acquiert chaque jour de l'énergie ; il paraîtra sans doute un jour avec gloire sur la scène du monde ? »

D. Comment la France voyait-elle les grandes actions de Bonaparte ?

R. Avec admiration sans doute, mais avec une coupable tolérance pour certains journaux vendus à l'esprit de parti. Il en est un qui osa demander la convocation d'une cour martiale pour juger Bonaparte.

D. Quel était le sentiment du Directoire ?

R. Une profonde pitié pour toutes ces infamies. Persuadé que Bonaparte en éprouvait autant, il lui écrivit en ces termes : « Vous n'aurez pas de peine à abandonner les jactances des uns, et les calomnies des autres, au mépris qu'elles méritent par elles-mêmes, et plus encore par l'esprit qui les dirige. »

D. Quelle grande opération se fit après la défaite de Wurmser ?

R. La reprise du siége de Mantoue. Ce fut le général Sahuguet qui en fut chargé. Il rejeta dès le premier jour les ennemis dans la place.

D. Que faisait Wurmser ?

R. Renforcé de plusieurs régimens, il re-prenait l'offensive. Ce fut vainement. Com-plétement défait à Roveredo, à Trente, à Bas-sano, il n'eut d'autre ressource que celle de fuir encore, et comme il n'était plus de force à tenir la campagne, il résolut de se joindre à la garnison de Mantoue.

D. Bonaparte ne fit-il rien pour l'en em-pêcher?

R. Il chargea le général Sahuguet de sus-pendre un instant les opérations du siége pour couper à Wurmser tous les ponts de la Moli-nella ; mais Sahuguet n'exécuta qu'imparfaite-ment son ordre, et le général autrichien parvint à son but. Le jour même de cette jonction, les généraux Augereau et Victor prirent, dans Le-gnago, 1600 hommes et un matériel immense que Wurmser y avait jetés pour protéger sa retraite.

D. Réuni à la garnison de Mantoue, Wurm-ser ne fit-il rien pour sa délivrance?

R. Les combats de Saint-Georges, de la Favorite, de Duc-Castelli, sont autant de sorties qu'il fit pour reprendre l'offensive ; constamment battu, il fut chaque fois obligé de rentrer dans la place. C'était pour les vaincus une cruelle nécessité ; car il y régnait une épidémie qui enlevait les hommes par centaines. De 25,000, dont la garnison se composait à l'arrivée de Wurmser, plus de 10,000 avaient déjà péri par la contagion.

D. L'Autriche n'envoyait-elle aucun secours à ses armées défaites?

R. Instruit qu'elle faisait pour cela d'immenses préparatifs, Bonaparte consolida ses conquêtes par la création d'un gouvernement républicain. Il abolit toutes les institutions féodales, parce que la liberté ne saurait exister en même temps que l'esclavage; il respecta toutes celles qui tenaient à la religion, parce qu'il avait besoin de l'amitié des fanatiques; il ménagea le clergé parce que rien n'est implacable dans ses vengeances comme les ministres d'un Dieu de miséricorde; il substitua des emplois civils aux priviléges nobiliaires, parce que les nobles contiendraient leurs ressentimens tant qu'ils auraient l'espoir de ressaisir par l'intrigue l'autorité qu'ils tenaient de l'ignorance.

D. Ne se passait-il rien sur d'autres points?

R. Le général Garnier étouffait, dans la république de Gênes, des insurrections qui venaient de s'y manifester; la paix se signait à Paris, entre le Directoire et le roi de Naples; et le général Gentili délivrait du joug

britannique l'île de Corse, que Paoli avait livrée aux Anglais.

D. Que devenaient les armemens de l'Autriche pour secourir ses armées d'Italie?

R. Mis à la tête des nouvelles légions, le
général Alvinzi s'avançait à grands pas.

D. Que fit Bonaparte en cette conjoncture?

R. Il évacua les villes de Bassano, de Vicence, de Trente, de Roveredo, et se portant rapidement sur l'Adige, préluda par divers engagemens partiels à la grande bataille
qu'il méditait.

D. Où les deux armées se rencontrèrent-
elles?

R. Au pont d'Arcole. Le carnage qui s'y
fit est au-dessus de tout ce qu'on peut décrire.
Là, comme à Lodi, une artillerie formidable
embrassait toute la largeur du pont et jetait
de l'hésitation dans nos rangs. *Grenadiers,* dit
Bonaparte en saisissant un drapeau, *qu'est
devenue votre intrépidité? N'êtes-vous donc plus
les vainqueurs de Lodi, et ne suivrez-vous pas
votre général?* Il dit, s'élance, et l'armée le
suit; mais tous ses efforts échouèrent contre
les torrens de mitrailles que vomissaient les
canons autrichiens. On se battit ainsi les 15, 16
et 17 novembre; et ce fut une fausse attaque,

opérée sur les derrières de l'ennemi par un officier des guides, à la tête de 25 hommes et de 12 trompettes qui décida de la victoire, par l'épouvante dont elle frappa les compagnons d'Alvinzi. Complétement en déroute, les Autrichiens repassèrent la Brenta avec une perte de 10,000 hommes, d'un nombreux matériel, de plusieurs étendards, et d'une multitude d'échelles préparées pour assiéger Vérone. « Demain, écrivit Bonaparte, au Directoire, j'attaquerai la division Davidowich ; je la battrai si elle veut m'attendre, et je la poursuivrai jusque dans le Tyrol. J'attendrai ensuite la reddition de Mantoue, qui ne peut pas tarder plus de 15 jours. »

D. Comment tint-il parole ?

R. En écrasant Davidowich près de Campara.

D. La bataille d'Arcole n'offre-t-elle aucun fait particulier ?

R. J'en vais citer un. Dans la nuit du 17 au 18, Bonaparte, visitant les avant-postes, trouve un factionnaire endormi. Il s'en approche doucement, lui prend son fusil et continue la faction. Au bout d'un instant le soldat se réveille. *Je suis perdu,* dit-il, en reconnaissant le général en chef. *Rassure-toi,* lui répond Bonaparte ; *après tant de fatigues, il est bien permis à un brave tel que toi de s'abandonner au sommeil ; mais une autre fois choisis mieux ton temps.*

D. Comment la cour de Vienne prit-elle la nouvelle défaite de son général ?

R. Avec un dépit qu'elle ne put cacher. Voulant toutefois en venir à sa gloire, elle envoya des renforts à Alvinzi, et le chargea de *reprendre* l'offensive...... qu'il n'avait jamais eue.

D. Quelle était la force respective des deux armées ?

R. 18,000 Français, 40,000 Autrichiens.

D. Que fit Bonaparte ?

R. Dès qu'il vit Alvinzi s'ébranler, il courut au-devant de lui. Les deux armées se joignirent sur l'Adige, près de Rivoli ; et là un affreux engagement signala leur rencontre. L'ennemi subit le sort qui le poursuivait partout. Il fut taillé en pièces, culbuté sur tous les points, et forcé de se réfugier dans le Tyrol. 20,000 des siens, plusieurs drapeaux, 9 pièces de canon, nous servirent de trophées. C'était le 14 janvier 1797. On vit dans cette journée de merveilleux traits de courage. Avec 50 hommes le capitaine René fit 1800 prisonniers ; et dépouillant un instant le généralat, Bonaparte, suivi de deux bataillons, prit 3000 Autrichiens qui s'avançaient pour le prendre.

D. Tous les corps autrichiens étaient-ils également en déroute ?

R. 10,000 hommes commandés par le général Provera formaient encore une masse parfaitement intacte.

D. Quel mouvement opérait-elle ?

R. Celui d'aller joindre Wurmser dans Mantoue. D'après un plan concerté, Wurmser devait protéger par une sortie l'entrée de Provera dans la place.

D. Que fit Bonaparte pour l'en empêcher ?

R. Il mit à sa poursuite Augereau, qui, l'atteignant à Roverbella, lui fit éprouver une perte de 4000 hommes et de 40 bouches à feu. Ce n'était encore que le prélude de ce qui devait arriver. Bonaparte survenant lui-même à l'instant où Provera soutenait devant Saint-Georges un violent combat contre la division Miollis, mit les Autrichiens dans une position telle, que tous, sans en excepter un seul, se rendirent prisonniers.

D. Que fit Wurmser ?

R. Ignorant la destruction du corps de Provera, il opéra la sortie convenue. C'est ce que Bonaparte attendait. Wurmser arrivant près de la Favorite fut écrasé par le général Serrurier, et rejeté tout en désordre dans Mantoue. Pendant ce temps le général Joubert s'emparait de la ville de Trente, qui contenait plus de 4000 Autrichiens combattans ou malades.

D. Wurmser continua-t-il de résister dans Mantoue ?

R. Il ne le pouvait plus. Réduit à tout ce que la misère a de plus horrible, il se rendit le 3 février, et nous entrâmes dans la place. 14,000 prisonniers et un matériel immense payèrent l'armée des travaux inouis que lui avaient coûté cette conquête. Pour donner au général Wurmser une preuve de son estime, Bonaparte le laissa sortir librement de Mantoue avec son état-major, 200 cavaliers, 500 personnes à son choix, et 6 pièces de canon. Il écrivit ensuite au Directoire : « Ce grand nombre d'hommes, qui s'attachent toujours à calomnier le malheur, ne manqueront pas de chercher à persécuter Wurmser ; mais la postérité le vengera. »

D. Nos triomphes influèrent-ils sur les dispositions du pape envers la république ?

R. Désespérant enfin de pouvoir nous résister, sa sainteté demanda la paix. Elle l'obtint, comme les autres princes, à d'oné-
reuses conditions. Par le traité, signé le
22 février 1797, le pape nous abandonna le
comtat d'Avignon avec les légations de Bologne, de la Romagne et de Ferrare, s'engagea à
payer de suite une somme de 15 millions, et
promit de désavouer hautement toutes les
atrocités commises au nom du Saint-Siége
sur les républicains.

D. Ce nouveau traité ne décida - t - il pas
l'Autriche à renoncer à l'Italie?

R. Loin d'y consentir, l'empereur chargea
son frère, l'archiduc Charles, d'aller réparer
les revers d'Alvinzi : à peine le prince fut-il
arrivé que les combats recommencèrent. La
prise de Gradisca, le passage de l'Izonzo,
l'engagement de Tarvis, notre entrée dans Go-
rizia, furent les principales opérations auxquelles se livra l'armée.

D. Ne se passait-il rien dans le Tyrol?

R. Le général Joubert en forçait tous les
passages pour mettre l'armée d'Italie en communication avec celle du Danube. Ayant complétement réussi, il se retira vers la première.
Ce beau triomphe fut pour nous d'une si

haute importance, que Joubert, se débattant un jour avec un factionnaire pour arriver jusqu'au général en chef, Bonaparte vint au-devant de lui en disant au soldat : *Camarade, pardonne-lui cette infraction des lois : celui qui a forcé le Tyrol peut bien forcer une consigne.*

D. Quel emploi Bonaparte fit-il de ses nouveaux avantages?

R. Il offrit la paix à l'archiduc. « Si l'ouverture que j'ai l'honneur de vous faire, lui dit-il, peut sauver la vie à un seul homme, je m'estimerai plus heureux de la couronne civique que j'aurai méritée, que de la triste gloire qui peut revenir des succès militaires. »

D. Que répondit l'archiduc?

R. Que n'étant muni d'aucun pouvoir pour cet objet, il ne pouvait entrer dans aucune négociation. Telle devint alors l'opinion des peuples sur Bonaparte, qu'il ne fut plus regardé que comme un général ennemi des combats, et forcé de vaincre malgré lui. Ce n'était pourtant pas ce que publiaient les Autrichiens. Ils peignaient les Français comme des dévastateurs pour qui l'incendie, le meurtre et le pillage n'avaient jamais été que des jeux. Bonaparte réfuta ces calomnies par des proclamations aux peuples vaincus. « Nous ne venons ici, dit-il, ni pour vous conquérir, ni pour changer vos mœurs et votre religion. La république est l'âme de toutes les nations. Malheur aux rois qui ont la folie de lui faire la guerre. »

D. Quels événemens suivirent le refus de la paix ?

R. Deux nouvelles victoires remportées, les 2 et 4 avril, près de Dirnstein et de Hundsmarck. Coupée dans tous ses mouvemens, séparée des corps dont dépendait son existence, attaquée, culbutée, battue dix fois par jour, l'armée autrichienne se retirait en désordre sur Vienne, lorsque le prince Charles demanda un armistice pour servir d'acheminement à la paix qu'il n'avait pu négocier d'abord.

D. Bonaparte était-il toujours dans les mêmes dispositions ?

R. Par ce qu'on pourrait appeler *une coquetterie de conquérant*, il fit désirer longtemps la faveur qu'il brûlait d'accorder. Il céda pourtant. L'armistice demandé fut signé le 7 avril ; et le 15, des préliminaires de paix le furent dans Léoben, où se trouvait alors le quartier-général français.

D. Quel lieu fut choisi pour les conférences qui devaient décider des intérêts de la Franc et de l'Autriche ?

R. Le château de Campo-Formio, près d'Udine, en Frioul.

D. Ne se passait-il rien dans la république de Venise ?

R. Toujours ennemi des Français, le sénat avait soulevé contre eux la masse entière de la population. On les massacrait par centaine, et le cri des Vénitiens était : *Mort aux Français.* Sommé de mettre un terme à ces maux, le doge ne répondit que par des phrases entortillées, et Bonaparte indigné renversa le plus ancien gouvernement de l'Europe.

D. Quelle autorité lui substitua-t-il ?

R. L'ancienne forme démocratique qui existait avant la révolution de 1209.

D. Ce grand changement se fit-il sans se cousses ?

R. Il fallut soumettre des milliers de mutins suscités par l'ancien sénat ; mais comme la populace craint toujours qui ne la craint point, il suffit de quelques exemples pour la faire rentrer dans l'ordre.

D. Quelle tournure prenaient les négociations de Campo-Formio ?

R. La plus heureuse. Ces négociations durèrent jusqu'au 7 octobre. Alors on vit paraître, comme pour sécher les pleurs des nations, le traité dont je vais indiquer quelques dispositions principales : La paix sur terre et sur mer ; la cession de la Belgique à la France ; le partage des états Vénitiens entre la France et l'Autriche.

D. Quel effet cette paix produisit-elle sur les esprits ?

R. Chez les vainqueurs, un enthousasme difficile à peindre ; chez les vaincus, une autre sorte de contentement. On peut juger de la satisfaction de ces derniers par ce que fit l'aubergiste de Léoben, chez qui furent signés les préliminaires. Une pendule était dans la chambre où se trouvaient les généraux. Il l'arrêta lorsqu'il vit ceux-ci prendre la plume. *Le temps doit suspendre sa course, dit-il, au moment où l'univers est heureux.*

D. Que fit Bonaparte après la conclusion de la paix ?

R. Il revint à Paris pour y recevoir, dans des hommages publics, l'expression de la reconnaissance nationale.

D. Ne se passait-il aucun événement en Italie ?

R. Enhardi par l'éloignement de nos armées, le pape soulevait les Romains contre la personne et la suite de l'ambassadeur français, faisait assassiner le général Duphot, et forçait le ministre Joseph Bonaparte à chercher sa sûreté dans la fuite.

D. Qu'ordonna le directoire ?

R. La marche sur Rome des légions qui venaient de vaincre dix peuples ligués. Berthier les commandait. Son approche fit que le peuple se tourna contre le Gouvernement qui l'avait égaré. Jamais on ne vit d'exaspération plus grande. Forcé de fuir à son tour, le pape se retira dans une cellule de la Chartreuse de Pise, et laissa Berthier proclamer dans Rome le Gouvernement républicain.

D. En soulevant Rome, le pape ne se fit-il aucun imitateur ?

R. Les rois de Sardaigne et de Naples furent guidés par la même politique. Le premier fut en trois jours chassé par le général Joubert du Piémont, auquel il renonça pour obtenir la paix ; le second, en obtenant de l'empereur d'Autriche que le général Mack viendrait commander son armée, prépara sur-le-champ l'ouverture d'une nouvelle campagne.

D. Qui commandait alors l'armée française?

R. Le général Championnet , militaire éprouvé par le talent comme par le courage. Mack s'avança suivi d'une armée une fois plus nombreuse que la nôtre , et Championnet , qui avait reçu des instructions en conséquence, se reploya jusque sur les frontières de la république cisalpine. En quittant Rome , il promit au commandant de la garnison qu'il laissait dans le fort Saint-Ange , *de les délivrer dans vingt jours,* et ne s'occupa plus que des moyens de tenir parole.

D. Maître de Rome, que fit le général Mack ?

R. Il fit célébrer son arrivé par des fêtes extraordinaires, et le roi Ferdinand qui l'accompagnait , crut sa gloire intéressée à rétablir le Saint-Siége. « Quittez, écrivit-il au pape, quittez votre modeste retraite ; et porté sur les ailes des Chérubins qui transportèrent autrefois Notre-Dame de Lorette , partez et descendez dans ce Vatican que doit purifier votre présence. »

D. Mack se borna-t-il à prendre Rome ?

R. Voulant poursuivre ce qu'il appelait ses succès, sans toutefois compromettre la sûreté de son armée , il jugea convenable de n'attaquer qu'une aile des Français ; et divisant soudain ses 40,000 hommes en cinq colonnes, il attaqua par cinq points différens les 6000 que le général Macdonald avait disposés sur la route de Florence à Rome. Sa ridicule supériorité lui fut absolument inutile. Battu partout, il fut culbuté du champ de bataille, débusqué de Calvi où il s'était réfugié, chassé de Rome qu'il s'était conservé comme base d'opération.

D. Est-il quelque place qui tenta de résister ?

R. Toutes. Les principales sont Gaëte et Capoue : aucune ne nous échappa ; et nous ne faisions encore que des préparatifs contre celle de Capoue, lorsque Championnet apprit qu'un corps d'insurgés venait de détruire notre grand parc de réserve. C'était pour nous un coup à n'en pas relever ; mais, par un bonheur inexplicable, ni le commandant de Capoue, ni le général Mack ne connurent assez tôt ce désastre de nos armes ; et l'un rendit sa ville, tandis que l'autre achetait 10 millions un armistice qui nous sauvait d'une perte certaine.

D. Cet armistice dura-t-il long-temps ?

R. A bien prendre, il n'exista qu'à demi ; car à peine le traité fut-il signé, qu'il se manifesta d'horribles insurrections en faveur des Napolitains.

D. Que fit Championnet ?

R. Il les soumit par la force des armes ; et, sentant que tourner contre Mack lui-même la fureur de la multitude serait tirer les républicains du mauvais pas où ils étaient engagés, il chargea des agens secrets de cette grande et délicate opération. Chassé de son quartier-général, poursuivi partout, ne trouvant aucun refuge, Mack vint de lui-même se constituer prisonnier du général Championnet. Le malin Français, pour qui tout est sujet de chanson, n'épargna pas le général Mack, et je me souviens que l'on chanta beaucoup vers ces temps un vaudeville commençant ainsi :

> Plutôt que de se laisser prendre,
> Le grand coureur napolitain,
> Monsieur Mack, est venu se rendre
> Au général républicain.
> « Sauvez-moi, j'ai peur, je frissonne :
> » Pour me tirer de ce mic-mac,
> » Je viens vous offrir ma personne
> » Comme l'on offre du tabac. »

D. Que fit Championnet après la reddition du général Mack ?

R. Il entra dans Naples ; mais le peuple n'étant plus pour lui, il fallut conquérir la ville. Cette conquête terminée, Championnet changea le gouvernement du royaume, qui dès-lors prit le nom de *république parthéno-péenne*.

D. Ne se passait-il rien en Italie?

R. Voyant dans l'éloignement de Bonaparte la possibilité de reconquérir l'Italie, l'empereur d'Autriche chargea le général Kray de s'y porter avec 60,000 hommes, et, de son côté, le directoire en envoya pour s'opposer à Kray, 45,000 commandés par Joubert.

D. Quels mouvemens Joubert opéra-t-il?

R. Voyant les déprédations tolérées par le directoire, il se démit du commandement en chef, et la suprême autorité fut confiée à Schérer. Celui-ci ne fut pas plutôt maître de l'armée, qu'il courut attaquer l'ennemi sur l'Adige. C'était le 25 mars 1799, près de Vérone. Schérer tua 9000 hommes au général Kray, et en perdit ensuite 5000, faute d'avoir pu être secondé par le général Lecourbe, qui commandait en Helvétie. Dix jours après, Schérer fut défait à son tour près de Magnano, et forcé de se reployer sur le Mincio en toute précipitation.

D. Ne pouvait-il appeler l'armée de Naples à son secours?

R. Le directoire l'avait défendu; et, commandée par Macdonald, celle-ci devait, en cas d'agression nouvelle, agir indépendamment.

D. Que fit alors Schérer?

R. Ayant jeté une garnison dans Mantoue, il détacha une colonne sur la Toscane; prit, par elle, la ville de Florence et la personne du pape, remplaça l'autorité ducale par un gouvernement républicain; et se concentrant ensuite, se retira des rives du Mincio derrière l'Oglio, qui lui paraissait plus tenable.

D. Dans cette nouvelle lutte l'empereur d'Autriche n'avait-il aucun auxiliaire?

R. Il en avait un bien dangereux pour nous. C'était le Czar dirigeant sur l'Italie 40,000 hommes commandés par Suworow, l'homme le plus bizarrement brave qui ait jamais existé.

D. Que fit Schérer devant cette réunion de 100,000 combattans?

R. N'ayant plus que 28,000 hommes à leur opposer, il se retira de l'Oglio sur l'Adda, fit quelques dispositions de défense, et peu sûr de ses talens, remit le commandement en chef au général Moreau.

D. Moreau fut-il heureux?

R. On ne saurait l'être moins. Complétement battu à Cassano, il dut renoncer à la conservation de l'Italie, et se retira de ville

en ville , de position en position , jusque su r
le col de Tende. C'est ainsi que, soixante-dix
jours après l'ouverture de la campagne , l'ennemi victorieux pût contempler nos frontières.

D. Isolée par la retraite de Moreau , que fit
l'armée de Naples?

R. Elle évacua Naples , et se retira en combattant jusque sur Plaisance. C'était le 16
mai 1799. — Quatre jours après , Macdonald
attaqua les Russes sur la rive droite de la
Trebbia. Il s'y fit des deux parts un effroyable
carnage. Trop peu nombreux pour recommencer le lendemain, les Français se retirèrent successivement sur Modène, la Toscane
et les états de Gênes.

D. Moreau ne profita-t-il point de ce rap-
prochement pour mettre nos deux armées en
communication?

R. Il fit plus. Battant à Saint-Giuliano les
corps qui lui étaient opposés , il redoubla d'ardeur, et joignit l'armée de Naples dans les
états de Gênes. C'est par suite de cette jonction que Moreau attaqua les alliés près de Novi
(15 août 1799.) Quoiqu'ils fussent 66,000
contre 40,000 Français, ils échouaient sur
divers points lorsqu'une attaque inattendue

fit céder notre aile droite , et rendit la retraite commune à toute l'armée.

D. Comment cette retraite s'opéra-t-elle ?

R. En assez bon ordre jusqu'au village de Pasturana. Là seulement, 400 travailleurs embusqués coupèrent la retraite à notre matériel, et causèrent un encombrement dont l'ennemi tira le plus grand avantage. 12,000 hommes furent perdus par chacun des partis, mais nous eûmes à regretter de plus que les alliés 40 voitures, 20 canons, et la personne mille fois plus précieuse du général Joubert. Une balle l'atteignit dès le commencement de l'action. *En avant*, disait-il encore d'une voix mourante. J'ai dit que les Français faisaient chanson de tout, et le désastre de Novi en est une preuve immortelle.

D. Que devint l'armée après cette défaite ?

R. Elle se retira sur Gênes, où bientôt après elle fut jointe par une nouvelle armée des Alpes, dont le directoire avait ordonné la formation. Championnet, qui la commandait, se mit à la tête des forces réunies, et prépara tout pour conserver à la république cette partie de ses conquêtes.

D. Que devenaient les garnisons françaises laissées dans les villes de Naples et de l'Italie ?

R. Assiégées à la fois par les Anglais et par le peuple, toutes se rendaient avec plus ou moins de gloire. Celle d'Ancône fit surtout une résistance héroïque. Elle n'était que de 1500 hommes contre 20,000 assiégeans ; mais, décidé à s'ensevelir sous les ruines de la place, l'intrépide général Monnier répondait aux sommations du général Frœlich : « *Les Français ne peuvent être long-temps malheureux, notre cœur nous le dit ; et puisque la victoire doit venir nous délivrer, il faut qu'elle nous trouve au poste d'honneur.* »

CAMPAGNE DE 1796.

Reprise des opérations en Allemagne.

D. En terminant le récit de la campagne de 1795, nous avons laissé les armées de Rhin-et-Moselle et de Sambre-et-Meuse, en état d'armistice sur la rive gauche du Rhin ; détaillez-moi la force de chacune et les adversaires qu'elles avaient à combattre ?

R. Forte de 66,000 hommes, l'armée de Rhin-et-Moselle avait à lutter contre 92,000 commandés par l'archiduc Charles ; de même force que la première, celle de Sambre-et-

Meuse se trouvait en présence de 82,000, aux ordres de Warstenleben. Ainsi, tout balancé, les Autrichiens avaient sur Pichegru et Jourdan une supériorité numérique de 50,000 hommes.

D. Quelle était la situation des armées ?

R. Florissante pour les Autrichiens, effroyable pour les Français. C'était l'ouvrage de Pichegru : aussi, prévoyant que ses trahisons éclateraient au premier jour, ce général céda-t-il à Moreau le commandement en chef de l'armée de Rhin-et-Moselle.

D. A quelle époque reprirent les hostilités?

R. Le 19 juin 1796. Le plan des Français était que Moreau battrait et poursuivrait l'armée de l'archiduc, tandis que, se bornant à rester sur la défensive, Jourdan occuperait, loin de son collègue, l'autre partie des forces autrichiennes.

D. Quelles furent les premières opérations ?

R. Une série de combats couronnée par le passage du Rhin devant le fort de Kehl. Ici, le général Desaix paya tellement de sa personne, qu'enflammé d'un noble dépit, un grenadier qu'il masquait dit fort énergiquement :

« Si cela continue je me brûle la cervelle, cet homme est toujours devant moi. »

D. Que fit l'archiduc en cette occasion ?

R. Il tenta, mais vainement, de résister. Battu à Renchen, à Radstadt, à Ettingen, à Neresheim, il prit le parti de se retirer précipitamment sur Donawert pour y passer le Danube.

D. Que faisait l'armée de Sambre-et-Meuse?

R. Après s'être long-temps battue sur la rive gauche du Rhin, et avoir vu révoquer par le directoire un armistice qu'elle avait forcé l'ennemi de demander, elle passait le Rhin dans les environs de Mayence, s'emparait de Francfort, de Kœnigstein, de Wurzbourg, et des grands approvisionnemens que ces villes contenaient.

D. N'est-ce point alors que Jourdan se démit du commandement en chef?

R. Malade depuis long-temps, il le céda momentanément à Kléber. Celui-ci prit les places de Kœnigshoffen, de Bamberg, de Rothemberg, et ne s'arrêta que parce qu'il vit tout-à-coup dans l'armée ennemie une supériorité numérique qu'il était loin d'attendre: c'était l'archiduc qui, secrètement détaché avec 28,000 hommes de l'armée opposée à Moreau, était venu se joindre à Warstenleben pour accabler celle de Sambre-et-Meuse.

D. Quel parti prit Kléber ?

R. Celui de remettre le commandement à Jourdan.

D. Et Jourdan ?

R. De borner sa course aux rives de la Nab, d'ordonner la retraite, et de se battre en l'opérant. C'est ainsi qu'il se reploya jusque sur la Nahe, où l'arrivée de renforts considérables le mit à même de prendre des positions.

D. Qu'était devenu Moreau ?

R. Victorieux partout, il avait forcé le passage du Danube, et ne se trouvait plus qu'à une faible distance de la capitale de l'Autriche. « *Qu'il aille jusqu'à Vienne*, avait dit l'archiduc, *pourvu que je batte Jourdan.* » Mais l'isolement où le mit la retraite de l'armée de Sambre-et-Meuse, le força lui-même à chercher sa sûreté dans un mouvement rétrograde.

D. N'est-ce pas ce mouvement que l'histoire désigne sous le nom de retraite du Danube ?

R. Précisément. Harcelé dans cette retraite par des forces toujours supérieures, Moreau ne dut qu'à son génie le bonheur d'échapper, sans perte, aux périls qui l'environnaient. C'est ainsi qu'il passa sur le ventre aux Autrichiens déployés à Neubourg pour l'empêcher de repasser le Danube ; qu'il prit à Biberach 5000 hommes, 18 canons et 2 drapeaux ; qu'il franchit le Val-d'Enfer, cet épouvantable défilé des Montagnes-Noires, dont le célèbre maréchal de Villars n'avait osé aborder, alléguant pour raison *qu'il fallait être diable pour y passer;* qu'il soutint à Schliegen tout l'effort des Autrichiens renforcés de 28,000 hommes de l'archiduc ; et qu'enfin il repassa le Rhin à Huningue, sans que l'ennemi osât rien tenter contre son arrière-garde.

D. Quelle raison avait décidé l'archiduc à se porter contre Moreau ?

R. Un armistice indéfini conclu avec Jourdan. Plusieurs combats l'avaient précédé, et c'est dans un de ces engagemens que nous perdîmes les généraux Bonneau et Marceau. Celui-ci fut enlevé de son champ de mort par le grenadier Albert, à qui la ville de Courtrai, sa patrie, élève aujourd'hui un monument.

D. Moreau ayant repassé le Rhin, qu'entreprit l'archiduc ?

R. Il marcha contre le fort de Kehl, et contre la tête du pont d'Huningue, dont la défense était confiée aux généraux Desaix et Abattucci. Ces deux braves se défendirent avec tout le courage que l'on devait attendre d'eux ; mais ce fut vainement. Toutefois Abattucci ne rendit son poste qu'avec la vie ; et, forcé d'évacuer Kelh, Desaix n'y laissa pas même un seul éclat des 25,000 bombes qui l'avaient réduit en poudre. C'est par-là que finit la campagne.

CAMPAGNE DE 1797,

En Allemagne.

D. A quelle époque et par quelle action r'ouvrit-on la campagne ?

R. Le 22 avril 1797, par un nouveau passage du Rhin, vis-à-vis Diershein.

D. Qui l'effectua ?

R. Le général Moreau. La nécessité qui avait porté l'Autriche à diriger des troupes sur l'Italie, avait donné à l'armée de Rhin-et-Moselle une supériorité de 30,000 hommes sur les forces de l'archiduc.

D. Moreau éprouva-t-il de grandes difficultés dans son opération ?

R. On ne saurait guère en éprouver davantage. Indépendamment de l'obstacle présenté par une formidable artillerie déployée sur l'autre rive, il était contrarié par le peu de profondeur des eaux. On rapporte que le bateau qu'il montait s'engrava tellement, qu'il fut obligé de se jeter dans l'eau jusqu'à la ceinture pour le remettre à flot.

D. Que fit Moreau en débarquant?

R. Il courut à l'ennemi qui fuyait vers la Souabe, et le battit pendant trois jours de la manière la plus complète. Les Autrichiens avaient déjà perdu 5000 hommes, plusieurs drapeaux, 22 pièces de canon, quantité d'officiers supérieurs, lorsqu'une dépêche apprit à Moreau que des préliminaires de paix venaient d'être signés à Leoben. Cette nouvelle termina les hostilités.

D. Qu'avait fait et que faisait l'armée de Sambre-et-Meuse?

R. Confiée au général Hoche, en remplacement de Jourdan, elle venait de subir une organisation nouvelle, et se préparait à venger les malheurs de la dernière campagne.

D. Que fit le général Hoche?

R. Il déclara aux généraux ennemis que l'armistice était rompu; et prenant ensuite les ordres du Gouvernement, il écrivit au directoire : « Quelle que soit votre décision, je dois vous soumettre que mon armée étant forte de

86,000 hommes, j'en puis porter à l'instant 70,000 sur le Danube, et contraindre l'ennemi à une paix avantageuse pour la France, »

D. Que fit-il ensuite ?

R. Il passa le Rhin (18 avril 1797) sur le pont de Neuwied, attaqua l'ennemi dans la plaine, le culbuta partout, s'empara des villes de Montabaur, de Dierdorff, d'Altenkirchen, et se disposait à entrer victorieux dans Francfort, lorsque le colonel autrichien Milius vint lui présenter les préliminaires de paix qui avaient arrêté Moreau dans sa course. Il fallut s'arrêter aussi, et le cours de la Nidda fut choisi pour ligne de démarcation entre les deux armées.

D. Quels honneurs furent décernés au général Hoche ?

R. De biens tristes. Mort peu de jours après son triomphe d'une maladie de poitrine qui le minait depuis long-temps, ce vaillant guerrier ne reçut que des honneurs funèbres. Ils lui furent décernés à Paris, avec une solennité digne de son objet; et je me souviens encore d'une hymne dont Chénier honora sa mémoire.

> Du haut de la voûte éternelle,
> Jeune héros, reçois nos pleurs;

Que notre douleur solennelle
T'offre des hymnes et des fleurs !
Ah ! sur ton urne sépulcrale
Gravons ta gloire et nos regrets ;
Et que la palme triomphale
S'élève au sein de tes cyprès !

CAMPAGNE DE 1798,

En Suisse.

D. QUELLE était la situation de l'Europe ?

R. Une fermentation politique qui devait bientôt en troubler la paix.

D. Où l'orage éclata-t-il ?

R. En Suisse. Impatient du joug de la noblesse, le canton de Vaud se souleva pour conquérir sa liberté.

D. Quel obstacle rencontra-t-il ?

R. Celui d'une armée envoyée pour le soumettre par les sénats de Berne et de Fribourg.

D. Le Gouvernement français n'y prit-il aucune part ?

R. Intéressé à la propagation des idées républicaines, il chargea le général Menard de se porter rapidement au secours du pays de Vaud. La marche de Menard fut la course d'un torrent. Lausanne, Soleure, Fribourg, Morat, tombèrent en son pouvoir, et après deux mois de campagne il entra victorieux dans Berne.

D. Menard commanda-t-il jusqu'à la fin de la campagne ?

R. Il fut successivement remplacé par les généraux Brune et Schawenbourg ; tandis qu'après quelques opérations Brune quittait la Suisse pour aller combattre en Italie, le directoire imposait, par les mains de Schawenbourg, une constitution aux divers cantons helvétiques. Le Valais et le pays des Grisons furent les derniers qui l'acceptèrent. On ne parvint à les réduire que par la force des armes ; et cette force fut déployée d'une manière d'autant plus sanglante, que nous avions une foule de perfidies à venger.

CAMPAGNE DE 1799,

En Allemagne.

D. Que faisait l'empereur d'Autriche ?

R. Influencé par la Russie et l'Angleterre, il rejetait la paix négociée à Campo-Formio, sous prétexte que la France avait totalement

détruit en sa faveur l'équilibre européen , chargeait le prince Charles de marcher contre les
Français , et fondait l'espoir de reconquérir
ce qu'il avait perdu sur la coopération de cette
armée avec celle de Suworow qui s'avançait
à grands pas vers la Suisse.

D. Quelles mesures prit le directoire ?

R. Il confia un corps d'armée considérable
à chacun des généraux Jourdan , Bernadotte
et Masséna. Jourdan les commandait tous trois
en chef. Le premier était placé sous Mayence,
le second sur le Haut-Rhin , le troisième dans
les montagnes de la Suisse.

D. Quel fut le premier mouvement de ces
trois corps ?

R. L'occupation de Manheim et le blocus
de Philipsbourg par Bernadotte , le passage
du Rhin sur le pont de Kehl par Jourdan , un
combat sanglant à Reichenau par Masséna.

D. Comment manœuvrait l'archiduc ?

R. De manière à ce que sa gauche tînt
Jourdan et Masséna totalement séparés par le
lac de Constance.

D. Détaillez-moi les opérations de nos divers généraux ?

R. Voyant qu'un corps ennemi voulait couper ses communications avec le Rhin , Mas-

séna l'écrasa près de Steig, et acheva de le détruire en avant de Coire, où il s'était retiré.

D. Qui vint au secours du corps défait?

R. Le général Hotze, qui occupait Feldkirch. Il fut battu lui-même et forcé de rentrer dans ses retranchemens. Oudinot l'y attaqua, mais vainement, huit jours après (14 mars 1799.)

D. Que faisait Jourdan?

R. Battu sur l'Ortrack, où quelques succès l'avaient porté, il se reployait entre le Danube et le lac de Constance.

D. L'archiduc n'inquiétait-il pas sa retraite?

R. Il commit la faute de ne pas le faire, et donna par son éloignement au général Masséna la facilité d'attaquer de nouveau les retranchemens de Feldkirch.

D. Masséna réussit-il?

R. Il perdit, sans fruit, 2000 hommes au pied des ouvrages, et se vit, par un mouvement de Jourdan sur Engen, forcé de repasser le Rhin pour occuper le pays des Grisons.

D. Que faisait Jourdan?

R. Des traits mille fois répétés d'une valeur inutile. Battu à Stockach (25 mars), il quitta cette position pour se reployer par Schaffhausen vers les Montagnes-Noires. La situation de son corps d'armée était si désespérante, qu'il donna sa démission pour n'avoir plus sous les yeux tous les genres de calamités. Masséna eut dès-lors le commandement en chef.

D. Comment opéra Masséna?

R. Comme on devait l'attendre d'un général tel que lui. Secondé par Lecourbe, Menard, Soult, Humbert, Oudinot, Molitor, il battit l'ennemi à Zernetz, à Lucisteig et sur le lac de Lucerne.

D. L'archiduc ne remporta-t-il aucun avantage?

R. Malheureusement pour nous il réattaqua le général Humbert dans Lucisteig, et nous rendit désormais impossible l'occupation du pays des Grisons. Masséna s'en vengea sur la rive gauche de la Thur. Par lui, les Autrichiens furent taillés en pièces, et deux de leurs princes tombèrent en nos mains.

D. Masséna conserva-t-il long-temps la position qu'il avait conquise?

R. Jusqu'au lendemain. Se voyant sur le point d'être tourné, il en partit pour se reployer successivement sur les rives de la Toss, et dans le camp retranché de Zurich.

D. L'ennemi le poursuivit-il?

R. Oui, et très-ardemment. C'est là que

Masséna vengea sa gloire offensée (2 juin.) Par lui, les Autrichiens furent chassés avec une perte énorme de Waltiker, de Zoliken et de Ripach.

D. Quels mouvemens faisait le général Lecourbe?

R. Il s'emparait de la vallée d'Urseren pour appuyer la droite de notre ligne.

D. Et l'archiduc?

R. Il venait camper sur la rive orientale du lac de Zurich.

D. Si près de l'ennemi, que fit Masséna?

R. Il sortit de ses retranchemens pour attaquer l'archiduc : ce coup audacieux n'eut aucun succès. Repoussé, Masséna dut abandonner ses ouvrages et la ville, pour se porter sur les montagnes de l'Albis.

D. Que fit alors le prince autrichien?

R. Il conçut le projet de se joindre à l'armée de Suworow, qui n'était plus qu'à une légère distance; mais il en fut constamment empêché, et, de dépit, le prince quitta la Suisse avec une forte partie de son armée pour aller secourir les villes de Philipsbourg et de Manheim, qui étaient vivement pressées par Bernadotte.

D. Où était Suworow?

R. Au pied du mont Saint-Gothard. A
l'aspect de ces pics sourcilleux, les Russes
encore tout enchantés du ciel de l'Italie, déclarèrent nettement à leur général qu'ils re-
fusaient d'avancer. Pour toute réponse, Suworow fit creuser une fosse sur le chemin
qu'il fallait suivre, se dépouilla de ses vêtemens et s'y coucha de son long. *Couvrez-moi
de terre,* dit-il aux rebelles, *et abandonnez
votre général; vous n'êtes plus mes enfans, je
ne suis plus votre père, je n'ai plus qu'à
mourir.*

D. Quel fut l'effet de ce bizarre discours?

R. De faire tomber l'armée russe aux genoux de son chef : inondés des pleurs du repentir, tous les soldats demandèrent qu'on les
conduisît aux Français par les sommets les
plus escarpés du Saint-Gothard.

D. Qu'entreprit Masséna pour n'être point
froissé par la concentration qui se préparait?

R. De faire attaquer, par les 1200 hommes
du général Molitor, les 6000 Autrichiens du
général Hotze. Les Français occupaient des
hauteurs. Leurs munitions étant épuisées,
ils lancèrent du sommet des monts des rochers qui écrasèrent l'ennemi sous le poids
de leurs masses bondissantes. Alors Masséna

se porta sur Zurich qu'il reconquit sur les Autrichiens et les Russes, après quinze jours de combats acharnés. (8 octobre 1799) Suworow y perdit 30,000 hommes, 100 pièces de canon, quinze drapeaux et tous ses bagages.

D. Quel parti prit-il dans cette conjoncture ?

R. Celui d'écrire à l'archiduc « qu'il cessait de faire cause commune avec des généraux qui s'étaient laissé battre pour lui donner l'humiliation de fuir devant des Français. » Il reprit en effet le chemin de la Russie, et fit partager au Czar toute sa fureur contre les Autrichiens.

D. Quelles furent pour nous les suites de ce mécontentement ?

R. Un ennemi de moins à combattre : Rompant avec l'Autriche, Paul Ier se retira de la coalition.

CAMPAGNE DE 1799,

En Batavie.

D. Qui reporta la guerre sur ce point de nos conquêtes?

R. L'Angleterre et la Russie.

D. Quel était leur dessein?

R. De faire une diversion favorable aux armées que la coalition entretenait en Suisse.

D. Quelle était la force des parties?

R. 20,000 Français contre 47,000 alliés. La différence était extrême, sans doute, mais nos braves étaient commandés par le général Brune.

D. Détaillez-moi les premières opérations.

R. Mouillant, le 26 août, dans le Pas-du-Texel, la flotte anglaise du duc d'Yorck rejeta jusque sur le Keeten, le général Daendels, qui s'était établi sur les dunes pour s'opposer à son débarquement. Alors l'amiral Story, qui commandait pour la France l'escadre hollandaise, fit voile contre la flotte ennemie et lui livra combat.

D. Story fut-il heureux?

R. On ne saurait l'être moins. Comme les

opinions divisaient son armée, des murmures s'élevèrent parmi les soldats, et bientôt toute l'escadre fut en insurrection.

D. Que prétendaient les rebelles?

R. Se joindre aux Anglais, et c'est à quoi l'amiral Story fut lui-même entraîné.

D. Que fit Brune dans cette conjecture?

R. Comme les vents contraires retardaient encore l'arrivée des Russes, il conçut l'espoir de battre les Anglais et les attaqua sur la digue de Zyp. Notre infanterie venait de prendre la fuite, lorsque le duc d'Yorck se présenta suivi de nombreux renforts. C'était près de Bergen. Pour ne pas laisser aux Français le temps d'en recevoir eux-mêmes, il reprit l'offensive le 19 septembre ; mais cette fois la victoire lui fut infidèle, et ses 35,000 hommes furent complétement défaits par les 25,000 républicains.

D. Tous les 35,000 hommes étaient-ils Anglais?

R. On comptait parmi eux 15,000 Russes amenés par le général Herman. Ce général fut tellement indigné de la conduite de ses alliés dans cette affaire, qu'il écrivit sur-le-champ au duc d'Yorck : *Général-duc, nous aurions infailliblement gagné la bataille si les*

*Anglais m'avaient secondé, mais vous ne com-
mandez qu'à des lâches;* et cette opinion s'était
si fortement accréditée chez les Russes, que
les prisonniers de cette nation demandaient
comme une grâce de n'être pas confondus
avec les Anglais.

D. Comment les Français se conduisirent-
ils envers les vaincus?

R. Avec tant de grandeur qu'ils s'en firent
adorer. Un officier gourmandant un soldat sur
ce qu'il oubliait ses propres besoins pour ne
songer qu'aux blessés ennemis : *A-t-on faim,*
répondit le soldat, *quand il reste de belles actions à faire?*

D. Battu à Bergen, le duc d'Yorck ne prit-
il pas sa revanche?

R. Pour son malheur il nous enleva l'excellente position d'Alkmaer. Alors le général
Brune l'attaqua dans sa conquête, et le défit
de telle sorte qu'il fut réduit à demander une
capitulation.

D. A quelle condition l'obtint-il?

R. D'évacuer, pour le 30 novembre, toutes
les parties du territoire batave, d'en laisser les
Français libres et tranquilles possesseurs, de
consentir à un échange de prisonniers, et de
renvoyer, sans leur permettre aucun débar-

quement, tous les vaisseaux qui viendraient avec des renforts pour l'armée combinée.

~~~~~~~~~

GUERRE D'ÉGYPTE.

D. AYANT dompté le continent, de quoi s'occupa le Directoire?

R. De fonder, en Egypte, une colonie puissante pour rendre cette belle contrée l'entrepôt du commerce de la France avec l'Inde.

D. A qui le Directoire en dût-il l'idée?

R. A Bonaparte, qui la conçut pendant les négociations de Campo-Formio. Ce général avait fait venir de Milan ceux des ouvrages de la bibliothèque Ambroisienne qui traitaient de cette matière; et l'on s'aperçut, lorsqu'il les rendit, qu'ils étaient tout couverts de notes aux pages les plus relatives à ses vues.

D. A qui le Directoire confia-t-il le commandement de l'expédition?

R. A Bonaparte. Maître absolu des mesures à prendre, Bonaparte avait comme à ses ordres, les ministres de la guerre, des finances et de la marine. Par la prodigieuse activité de ses soins, Toulon vit, en moins de deux mois,
~~~~~~~~~

complétement organisée dans son port, une escadre portant 10,000 hommes de mer et 56,000 de débarquement.

D. Le vainqueur de l'Italie ne voyait-il dans la conquête de l'Egypte qu'un avantage purement commercial ?

R. Plus grand dans ses desseins, il voulait que Minerve partageât avec Mercure les faveurs de la Victoire ; et il obtint du gouvernement un certain nombre de savans et d'artistes pour observer avec fruit tout ce que le berceau du monde offrait d'utile et de curieux.

D. Quelles bornes mit-on à la confiance dont Bonaparte était l'objet ?

R. Aucune. Cette confiance fut même portée si loin qu'on le laissa maître de choisir, dans toutes les armées de la république, les généraux et les régimens dont il lui plairait de se faire accompagner. Ce fut une grande faute : retirant à la France ce qu'elle avait de plus redoutable, il la mit pour ainsi dire à la discrétion de l'étranger.

D. Que pensait l'Angleterre des armemens faits dans Toulon ?

R. Bien que divers journaux français eussent levé le coin du voile, elle les croyait destinés ou à une descente en Grande-Bretagne,

ou à la délivrance d'une flotte espagnole blo
quée dans le port de Cadix ; et pour être également en mesure dans les deux cas, elle gar-
nissait ses côtes de toutes ses forces de terre,
et chargeait l'amiral Nelson de couvrir Cadix
en se portant avec sa flotte au-delà du dé-
troit de Gibraltar.

D. Où était Bonaparte?

R. A Paris. Muni des instructions du Directoire, il en partit, le 3 mai, pour se rendre
à Toulon. C'est là qu'il fit connaître aux soldats les grandes destinées qu'ils avaient à rem-
plir. « Vous êtes, leur dit-il, une des ailes de
l'armée d'Angleterre. Vous avez fait la guerre
de montagnes, de plaines, de siéges, il vous
reste à faire la guerre maritime...... Les légions romaines que vous avez quelquefois imi-
tées, mais point encore égalées, combattaient
Carthage tour-à-tour sur cette même mer et
aux plaines de Zama...... Le génie de la liberté qui a rendu dès sa naissance, la république l'arbitre de l'Europe, veut qu'elle le
soit encore des mers et des nations les plus loin-
taines. »

D. Quel jour fut marqué pour le départ?

R. Le 19 mai 1798. Ce jour, l'escadre et ses
400 bâtimens de transport, sortirent de la

rade, longèrent les côtes de Provence, passèrent à la vue du cap Corse, côtoyèrent la
Sicile, et se portèrent devant l'île de Malte.
Comme il entrait dans le plan du général en
chef de s'emparer de cette île, Bonaparte fit
demander au grand-maître de l'ordre de Malte,
la permission de faire entrer l'escadre dans le
port pour y faire de l'eau ; mais, tout en pro-
testant de son amitié pour la France, celui-ci
répondit qu'il ne pouvait y consentir, attendu
que par cette condescendance l'île entière se
trouverait sans nécessité à la discrétion des
Français.

D. De quel œil Bonaparte vit-il cette réponse?

R. Comme il lui fallait au moins un prétexte pour attaquer une puissance amie, il
déclara qu'il voyait dans la réponse du grand-
maître un outrage à la loyauté républicaine,
et qu'il allait se préparer à le venger.

D. Quelle était la force des Maltais ?

R. 7000 hommes environ. Mais un grand
nombre de chevaliers avaient promis de seconder les Français, et il ne craignit point
d'effectuer sa menace. En peu d'heures, tout
fut forcé excepté les remparts de Malte. Si
l'on en croit l'un des baillis de l'ordre, Bonaparte refusa de faire bombarder cette ville,

par la raison que des conspirateurs maltais avaient juré de massacrer tous les chevaliers à la chute de la première bombe.

D. Maître de Malte, que fit le général en chef?

R. Il supprima l'ordre de Saint-Jean-de-Jérusalem, s'empara des trésors de son église, remit au général Vaubois des instructions pour gouverner et défendre l'ile, remonta sur sa flotte et fit voile pour Alexandrie.

D. L'amiral Nelson n'avait-il point avis de la marche des Français?

R. Cet avis lui était parvenu, mais avec quelque retard. Il était néanmoins à leur poursuite; et il est mille fois certain qu'ils auraient échoué devant Malte s'il y était arrivé en même temps qu'eux.

D. Quel jour l'escadre française arriva-t-elle devant Alexandrie?

R. Le 1er juillet. Avant de débarquer, Bonaparte fit connaître aux soldats la conduite qu'ils avaient à tenir parmi les peuples de l'Egypte. « Leur premier article de foi est celui-ci, dit-il : *Il n'y a pas d'autre Dieu que Dieu, et Mahomet est son prophète.* Ne les contredites pas; agissez avec eux comme vous avez agi avec les Juifs et les Italiens; ayez des égards pour leurs muphtis et leurs imans, comme vous en avez eu pour les rabbins et les évêques; ayez pour les cérémonies que prescrit l'Alcoran, pour les mosquées, la même tolérance que vous avez eu pour les couvens, pour les synagogues, pour la religion de Moïse et de Jésus-Christ?.... »

D. Rien ne s'opposa-t-il au débarquement?

R. Comme on se préparait à l'effectuer, les croisières signalèrent un bâtiment ennemi. « *Fortune*, s'écria Bonaparte, *m'abandonnerais-tu?* » Mais ce bâtiment n'était autre chose qu'une frégate française arrivant de Malte où elle était restée pour les affaires intérieures de l'île.

D. Où l'armée débarqua-t-elle ?

R. Sur la plage de Marabou, peu distante d'Alexandrie. A peine Bonaparte eut-il pris terre qu'il marcha contre la place. Elle était défendue par Sidi-Mohammed-el-Coraïm, homme possédant par sa servilité la confiance des beys, mais n'ayant aucune des qualités essentielles pour la justifier dans un moment critique. Alexandrie fut emportée d'assaut (2 juillet), et pour donner à sa conquête une solennité plus grande, Bonaparte fit inhumer ses morts au pied de la colonne de Pompée.

D. Que devint Coraïm ?

R. Trompé par Bonaparte, qui s'annonçait comme agissant de concert avec le Grand-Seigneur, il jura fidélité à la république française, et conserva, sous l'autorité immédiate du général Kléber, le commandement de la place d'Alexandrie.

D. Où se porta l'armée après la prise d'Alexandrie?

R. Sur le Caire. Le gros de l'escadre ne pouvant s'engager dans le Nil, Bonaparte chargea l'amiral Brueys de l'embosser dans la rade d'Aboukir, s'il croyait pouvoir s'y défendre, ou, dans le cas contraire, de partir pour Corfou. L'amiral embossa.

D. Parlez-moi de l'amiral Nelson ?

R. Précipitant sa marche, il avait précédé Bonaparte devant Alexandrie; mais bien qu'il s'annonçât comme arrivant au secours de l'Egypte, Coraïm crut voir en lui le véritable invaseur, et lui refusa nettement l'entrée du port. Il se retira sur Alexandrette.

D. Quel était le plan de Bonaparte ?

R. De rendre les Mamelouks en horreur au peuple. « Depuis trop long-temps, dit-il dans une proclamation aux Egyptiens, ce ramassis d'esclaves achetés dans le Caucase et la Géorgie tyrannise la plus belle partie du monde; mais Dieu, de qui dépend tout, a ordonné que leur empire finît. Peuples de l'Egypte, on vous dira que je viens pour détruire votre religion, ne le croyez pas; répondez que je viens vous restituer vos droits, punir les usurpateurs, et que je respecte plus que les Mamelouks, Dieu, son Prophète et le Coran..... Quelles vertus distinguent les Mamelouks pour qu'ils aient exclusivement tout ce qui rend la vie aimable et douce? Y a-t-il une belle terre, elle appartient aux Mamelouks? Y a-t-il une belle esclave, un beau cheval, une belle maison, tout cela appartient aux Mamelouks? Si l'Egypte est leur ferme, qu'ils montrent le bail que Dieu leur en a fait?..... Il y avait parmi vous de grandes villes, de grands canaux, un grand commerce : qui a tout détruit, si ce n'est l'avarice, les injustices et la tyrannie des Mamelouks? Cadhys, Scheicks, Imans, Tchorbadjys, dites au peuple que nous sommes aussi de vrais Musulmans. N'est-ce pas nous qui avons détruit les chevaliers de Malte, parce qu'ils voulaient faire la guerre aux Musulmans? N'est-ce pas nous qui avons été dans tous les temps les amis du Grand-Seigneur (que Dieu accomplisse ses desseins !) et l'ennemi de ses ennemis? Les Mamelouks, au contraire, ne se sont-ils pas toujours révoltés contre l'autorité du Grand-Seigneur qu'ils méconnaissent encore? Ils ne suivent que leurs caprices..... Heureux, trois fois heureux ceux qui seront avec nous, ils prospéreront dans leur fortune et leur rang! Heureux ceux qui seront neutres, ils auront le temps de nous connaître et ils se rangeront avec nous! Mais malheur, trois fois malheur à ceux qui s'armeront pour les Mamelouks et combattront contre nous : il n'y aura d'espérance pour eux ni dans ce monde ni dans l'autre.

D. Quelle autorité résidait au Caire?

R. Celle des deux chefs de l'Egypte, Mourad et Ibrahim Beys. A la nouvelle de la marche des Français, ils rassemblèrent des troupes et les partagèrent en deux corps. Tandis qu'Ibrahim prenait avec l'un des positions propres à couvrir le Caire du côté de l'orient, Mourad, l'homme le plus brave et le plus ardent de l'Asie, se portait avec l'autre à la rencontre de Bonaparte.

D. Quelle route avait pris ce dernier?

R. Celle du désert par Damanhour. Dans ce trajet, l'armée put se figurer toute l'horreur des positions qui lui étaient réservées. Privée d'eau sous un ciel et sur un sable ardens, elle éprouva d'autant plus les tourmens de Tantale, que par l'effet d'un *mirage* particulier au sol de l'Egypte, les plaines de sables paraissaient de vastes lacs fuyant avec légèreté le voyageur qui aspirait à les atteindre.

D. Où Bonaparte trouva-t-il les Mamelouks ?

R. A Chébreis, où ils l'attendaient à 4000 environ. Il les y attaqua (16 juillet), secondé par l'artillerie d'une flotille qui le suivait, leur tua beaucoup de monde, et continua sa marche.

D. Où était Mourad-Bey lors de ce combat ?

R. Retourné momentanément au Caire pour y prendre des mesures de sûreté publique, il était revenu au village de Gisch dont il faisait sa demeure habituelle. C'est là qu'il apprit la première défaite des Mamelouks. A cette nouvelle, il se remit à la tête des siens qu'il regardait comme la première cavalerie de l'univers, et se dirigea vers les célèbres pyramides que l'orgueil éleva pour s'éterniser. Bonaparte y arrivait (23 juillet.) « Soldats, dit-il, plein d'un noble enthousiasme, songez que du haut de ces pyramides quarante siè-

cles vous contemplent. » Sans doute, il n'
pas de soldat qui ne se remplît de la gra
deur de cette pensée, car, au bout de qu
ques heures, l'armée de Mourad n'exist
plus.

D. Que faisait Ibrahim-Bey sur la ri
droite du Nil?

R. A la nouvelle du désastre de Moura
il leva le camp, rentra au Caire, et persua
au pacha Seid-Abou-Beker de fuir avec l
sur Belbeis. Leur départ fut, pour la popula
du Caire, le signal de tous les excès. Bon
parte y mit fin le 25 juillet par l'occupatio
de la ville, et par l'institution d'un divan sp
cialement chargé de la police intérieure.

D. Maître de la capitale, qu'ordonna-t-
des provinces?

R. Il fit occuper celle du Delta par diver
corps de troupes, et se mit en mesure de dé
jouer toutes les tentatives d'Ibrahim qui, re
tiré à Bilbeis, paraissait disposé à tenir l
campagne.

D. Resta-t-il au Caire?

R. Il marcha contre Ibrahim qui, à son
approche, se retira vers la Syrie. Sachant que
ce dernier s'était adjoint, dans sa fuite, la
riche caravane de la Mecque, Bonaparte laissa

sòn infanterie, et partit au galop suivi de 400 cavaliers pour fondre sur les derrières d'Ibrahim. Il l'atteignit à Salahié, et soudain lui livra combat. Ce coup de témérité faillit lui coûter cher. Néanmoins l'ennemi, se remettant en retraite, abandonna l'Egypte et s'enfonça dans le désert.

D. Bonaparte s'y jeta-t-il avec lui?

R. Il se contenta d'engager Ibrahim à se soumettre à lui. «Vous pouvez, lui écrivit-il, trouver dans ma générosité la fortune et le bonheur que le sort vient de vous ravir.» Mais refusant toute espèce d'offres, Ibrahim se dirigea sur Saint-Jean-d'Acre.

D. Que fit alors Bonaparte?

R. Il rassembla l'armée et revint au Caire. En y arrivant, il apprit que, victime d'une série de fautes inconcevables, l'amiral Brueys, attaqué par Nelson, venait de périr avec sa flotte dans la rade d'Aboukir (14 août.) Loin d'en être altéré, il sembla voir s'agrandir son courage. «*Nous n'avons plus de flotte*, dit-il; *eh bien! il faut rester dans ces contrées, ou en sortir grands comme les anciens.*»

D. Que devenaient les artistes et les savans dont vous avez parlé?

R. Tous s'occupaient dans les provinces

conquises de recherches du plus haut intérêt. Voulant toutefois donner à cet admirable corps une centralisation qui lui manquait, le général en chef créa dans la ville du Caire un institut dont il se nomma vice-président. Cet établissement fondé, Bonaparte chargea le général Desaix d'aller conquérir la Haute-Egypte.

D. Que s'y passait-il?

R. Echappé au désastre des Pyramides, Mourad en avait soulevé toute la population.

D. N'avait-il pour lui que des paysans armés?

R. Son armée se composait encore d'une multitude de Bedouins et de Mamelouks venus de toutes parts pour lui offrir leurs services. Alors, quoique conquise, la Basse-Egypte était, comme l'Egypte supérieure, en insurrection complète. Desaix n'en partit pas moins; après des fatigues inouïes, il atteignit Mourad-Bey près de Sediman (6 octobre).

D. Quelle était la force de l'ennemi?

R. 12,000 contre 2000.

D. Que fit Desaix?

R. Non moins audacieux qu'habile, il oublia le nombre pour ne songer qu'à vaincre. Ecrasés partout, les Mamelouks se mirent dans un tel excès de fureur, que la plupart

jetèrent leurs armes à la tête des Français.
Réduit à fuir encore, Mourad-Bey fut chercher un refuge derrière le lac de Gaza, tandis
que Desaix s'établissait en maître dans la province du Fayoum.

D. Que se passait-il dans la Basse-Egypte?

R. Mue par ses principaux citoyens, l'immense population du Caire se livrait aux plus
sanglantes révoltes. Quantité de Français, et
notamment le général Dupuy, venaient d'en
être victimes, lorsqu'arrivant de Gizeh, dont
il avait visité les pyramides, Bonaparte déploya contre les rebelles la terrible puissance
que la guerre avait mise en ses mains. Tout
rentra dans le devoir après 24 heures de carnage.

D. Quelles mesures prit ensuite le général
en chef?

R. Il renouvela la composition du divan,
fit justice des scheiks convaincus d'infidélité,
et dit aux habitans, dans une proclamation :
«....Y aurait-il un homme assez aveugle pour
ne pas voir que le destin lui-même dirige
toutes mes opérations? Reconnaissez que dans
plus de vingt passages du Koran, ce qui arrive
a été prévu, et ce qui doit arriver est également expliqué. Je pourrais demander à chacun

de vous compte des sentimens les plus secrets de son cœur; car je sais tout, même ce que vous n'avez dit à personne. Mais un jour viendra que tout le monde verra avec évidence que je suis conduit par des ordres supérieurs, et que tous les efforts humains ne peuvent rien contre ma volonté. »

D. Le Grand-Seigneur s'entendait-il avec le Directoire pour nous abandonner l'Egypte?

R. Non.

D. Dans ce cas, Bonaparte, qui s'annonçait comme n'opérant que du consentement de la sublime Porte, agissait donc en fourbe?

R. Non; et voici le mot de l'énigme : Bonaparte n'avait quitté la France que sur la promesse du Directoire, d'obtenir par des négociations l'assentiment de la Porte.

D. Qui s'opposa donc au succès de cette demarche ?

R. L'amiral Nelson qui, victorieux à Aboukir, fit aussitôt voile pour Constantinople, et rendit impossibles les négociations préparées.

D. Quelles mesures prit le Grand-Seigneur pour nous arracher l'Egypte?

R. Il répandit un firman tout plein de calomnies contre les Français, et notamment d'instructions prétenduement données par Bonaparte pour consommer la ruine des Egyptiens.

D. Dans cette conjoncture que fit Bonaparte?

R. Il fortifia la place du Caire, s'empara de Suez, sur la mer Rouge, et chercha à s'attacher le pacha de Saint-Jean-d'Acre, pour être plus à même de résister au Grand-Turc. Ce pacha, qui protégeait Ibrahim-Bey, n'aurait pas manqué d'entraîner avec lui ce second chef des Mamelouks.

D. Comment Djezzar reçut-il les propositions de Bonaparte?

R. Avec un mépris insultant : cet homme, dont le nom signifie boucher, et qui par sa cruauté méritait cette qualification, vouait aux Français une haine implacable.

D. A cette nouvelle que fit Bonaparte?

R. Résolu d'obtenir par la force ce qu'on refusait à la douceur, il partit avec 13,000 hommes pour aller soumettre le pacha dans sa ville. Les places d'El-Arich, de Gaza, de Jaffa, tombèrent en son pouvoir; mais non sans éprouver tous les ressentimens d'un ennemi furieux.

D. Bonaparte n'attachait-il point un certain amour-propre à s'emparer de Jérusalem?

R. Cette ville, qu'il somma de se rendre, répondit que, dépendant du pachalick d'Acre, elle ne se rendrait qu'avec le pacha.

D. Quel parti prit Bonaparte?

R. Il porta le siége devant Acre. Mais comme il n'avait point de grosse artillerie, et que d'ailleurs l'ennemi recevait chaque jour des Anglais de nombreux renforts par mer, il dut renoncer à son entreprise et se reployer sur l'Egypte, que son absence compromettait évidemment. Ce siége n'en est pas moins un des plus glorieux qui aient illustré nos armes. Tout ce que la soif de la gloire peut enfanter de prodiges, y fut exécuté avec une incroyable ardeur, et Djezzar se vit plus d'une fois sur le point de succomber.

D. On fait sur cette expédition plus d'un reproche à Bonaparte?

R. Croit-on que l'esprit de parti n'en ait pas inspiré quelques-uns? J'en sais deux qui méritent d'être éclaircis; l'un est relatif au massacre des prisonniers de Jaffa; l'autre à l'empoisonnement de ses propres blessés.

D. Qui peut justifier de pareils crimes?

R. Rien et tout. Rien, si l'on ne veut entendre que la voix plaintive de l'humanité.

Tout, si l'on considère qu'abandonnés faute de gardes, ces prisonniers allaient se remettre contre nous; et qu'atteints de la peste, ces malades, qu'il fallait abandonner aussi pour sauver l'armée, allaient être incessamment massacrés par l'ennemi. On sait aujourd'hui à quoi s'en tenir sur les pestiférés de Caïffa. Bonaparte demanda au docteur Desgenettes un *opium* qui les plongeât sans douleur dans le sommeil de la mort; Desgenettes le refusa, l'armée partit, et tombant dans les mains féroces de Djezzar, les malheureux malades furent en effet livrés à toutes les douleurs des tortures. Je le demande, n'était-il pas plus humain de leur épargner tant d'agonies?

D. Que se passait-il en Egypte?

R. Battant l'ennemi à Samanhout, à Kosséir, à Thèbes, et en vingt autres endroits, Desaix achevait la conquête des provinces supérieures. Il rencontra des difficultés d'autant plus grandes, qu'un homme, ou sage ou fou, s'était emparé par le fanatisme de l'esprit des habitans, et les soulevait contre les Français avec une incroyable facilité. Cet homme, qui se faisait passer pour l'ange El-Mohdhy, marchait sans vêtemens à la tête de ses crédules prosélytes, et leur persuadait que qui croyait en lui pouvait sans nul péril braver tous les dangers. Apparemment qu'il n'y croyait pas lui-même, car il tomba mortellement blessé d'une balle.

D. La conquête de l'Egypte en général devait, par ces derniers travaux, être fortement avancée ?

R. Elle l'était peut-être moins qu'au commencement de la guerre. Toujours résolu de délivrer l'Egypte, le Grand-Seigneur y dirigeait par mer, sous le commandement de Mustapha Pacha, 24,000 Osmanlis qui débutèrent par s'emparer du fort d'Aboukir. A cette nouvelle, Bonaparte rassembla toutes ses forces et courut reconnaître l'ennemi. Profondément en paix sur la foi de son nombre, celui-ci campait, sans gardes avancées, sous les murs de la place.

D. Quelle était la force des armées en présence ?

R. 5000 Français, 18,000 Turcs.

D. Que fit Bonaparte ?

R. Il fondit sur l'ennemi avec la rapidité de l'aigle qu'il prit depuis pour enseigne. Jamais on ne vit un aussi grand carnage. Les champs d'Aboukir vengèrent celui de nos malheurs dont sa rade fut le témoin. Quelques

bandes auraient pu échapper à la fureur de
nos soldats ; mais la barbare coutume qu'ont
les Orientaux d'accorder une prime pour chaque tête d'ennemi apportée à la tente du général en chef, fit qu'elles abandonnèrent par
cupidité des postes importans, et se livrèrent
d'elles-mêmes aux terribles coups des vainqueurs. Ce n'est point une hyperbole : cernés
par des baïonnettes, des canons et la mer, pas
un Turc n'échappa, et tous les 18,000 y périrent ; Mustapha fut envoyé lui-même comme
un trophée au Caire, et les 6000 des siens
renfermés dans le fort, se rendirent après
quelques jours de bombardement. « Nous venons, dit Bonaparte, nous venons aujour-
d'hui de reconquérir nos établissemens aux
Indes et ceux de nos alliés. Par une seule
opération, nous avons remis dans les mains
du Gouvernement le pouvoir d'obliger l'Angleterre, malgré ses triomphes maritimes, à
une paix glorieuse pour la république. Nous
avons beaucoup souffert ; nous avons eu à
combattre des ennemis de toute espèce ; nous
en avons encore à vaincre ; mais enfin le résultat sera digne de nous, et nous méritera la
reconnaissance de la patrie. »

D. Après cette victoire que fit Bonaparte ?

R. Instruit par ses frères avec lesquels il n'avait cessé de correspondre, et de la situation de la chose publique en France, et du mépris dans lequel le gouvernement directorial était tombé, il céda le commandement à Kléber, revint à Paris, renversa le directoire, et se fit nommer premier consul (9 novembre 1799.) Ce coup d'autorité fut son premier pas vers le despotisme : il est en tout semblable à celui de César franchissant le Rubicon.

D. On accuse Bonaparte d'avoir quitté l'E- gypte de son propre mouvement ?

R. C'est un point de l'histoire qui n'est pas encore parfaitement éclairci. Le livre des victoires et conquêtes rapporte bien textuel- lement une lettre par laquelle le directoire aurait autorisé Bonaparte à rentrer en France ; mais *je tiens* d'un directeur, dont le nom paraît au bas de cette lettre, qu'il n'a jamais été signé d'ordre de cette nature. Si ce di- recteur fut de bonne foi en me donnant cette assurance, il faut ou que l'ordre ait été adroitement surpris, ou que la pièce rappor- tée soit totalement apocryphe.

D. Les Turcs immolés à Aboukir étaient- ils les seuls qu'eut à combattre l'armée d'E- gypte ?

R. 7000 Janissaires conduits par sir Sidney Smith, débarquaient encore à Damiette. Le général Verdier les défit avec 1000 Français, et força par ce beau fait d'armes l'ennemi d'entamer des négociations de paix. Pendant ce temps, le Grand-Visir s'avançait par la Syrie à la tête d'une puissante armée que renforçaient encore les partis de Djezzar et d'Ibrahim. Il débuta par s'emparer, à la faveur de quelques traîtres, du fort d'El-Arich. Sa conduite, en cette occasion, fut ce qu'on pouvait voir de plus épouvantable. Non content d'être maître du fort, il égorgea la garnison. Mais il en fut cruellement puni. Un de nos grenadiers mit le feu à un amas de poudre, et la ville s'ensevelit elle-même sous ses propres décombres.

D. Quel fut le résultat des négociations entamées?

R. Une convention par laquelle les Français, dépourvus de tout moyen de se maintenir en Egypte, se soumettaient à retourner en France. Mais au moment où Kléber se disposait au départ, il reçut une dépêche portant que le commodore refusait de ratifier le traité, et qu'il fallait, avant tout, que l'armée française posât les armes. — « Soldats, dit Kléber indigné, on ne répond à de telles insolences que par des victoires; préparez-vous à combattre. » Et soudain courant avec ses 10,000 hommes contre les 80,000 des alliés, il remporta dans les champs d'Héliopolis une des victoires les plus éclatantes que les annales françaises consacrent à la mémoire (20 mars 1800). 50,000 ennemis périrent tant dans cette bataille que dans les nombreux combats dont elle fut la source, et que suivit immédiatement la reprise de Suez et de Damiette.

D. Que se passait-il au-dessus du Delta ?

R. Kléber imposait une contribution de douze millions de francs à la ville du Caire qui s'était de nouveau révoltée, et périssait ensuite victime des fureurs fanatiques d'un jeune Musulman qui, séduit par le Grand-Visir, croyait obtenir par cet assassinat et les béatitudes promises par le prophète, et la liberté de son père qui gémissait en prison.

D. Après la mort de Kléber, qui prit le commandement en chef ?

R. L'officier le plus inepte de l'armée. On reconnaît ici le général Menou. Il administra et combattit de telle sorte que, réduit en moins de quelques mois aux dernières extrémités, il se

trouva trop heureux d'obtenir le consentement de l'ennemi à la libre exécution du traité
violé.

D. L'ennemi n'éleva-t-il aucune prétention
étrangère à ce traité ?

R. Il voulut exiger de la commission des
sciences et des arts la remise du fruit des stu-
dieux travaux ; mais elle déclara fièrement que,
pour les lui ravir, il faudrait les aller chercher au fond de la mer. Subjugués par une
si juste résistance, les Anglais cessèrent d'in-
sister. Ces travaux sont la seule chose utile
que l'armée d'Orient rapporta de sa brillante
expédition. De retour en France, elle se remit sous les ordres de Bonaparte, et r'ouvrit
avec lui une nouvelle carrière de gloire.

CAMPAGNE DE 1800.

DEUXIÈME GUERRE D'ITALIE.

D. Comment Bonaparte signala-t-il son avénement au consulat?

R. Par des propositions de paix au roi d'Angleterre : « le sort des nations civilisées est attaché, dit-il, à la fin d'une guerre qui embrase le monde entier. »

D. Quelle réponse obtint-il?

R. Un refus.

D. Que fit-il ensuite?

R. Il se tourna vers la Russie. Pour éviter des lenteurs inséparables des négociations, il fit habiller à neuf tous les prisonniers russes qui étaient en France, et les renvoya sans échange dans leur patrie. Alors, frappé de ce trait de grandeur, le Czar déclara « ne vouloir plus être l'ennemi du premier consul. » Bientôt la Prusse, la Suède, le Danemarck et la Saxe cédèrent à l'ascendant de la Russie, et il ne nous resta plus à combattre que l'Angleterre, la Bavière et l'Autriche.

D. La France jouissait-elle de la paix intérieure?

R. Elle cessait au contraire d'en jouir. Se-

condés par les Anglais , les Vendéens se sou-
levaient de nouveau , et méconnaissant toute
espèce d'autorité , se livraient à toutes les
atrocités du brigandage.

D. Quelles mesures prit Bonaparte ?

R. Celle d'envoyer contre eux les généraux Brune et Hédouville. « Que j'apprenne
bientôt, leur dit-il , que les chefs des rebelles
ont vécu..... Exterminez ces misérables , le
déshonneur du nom français : faites une campagne courte et bonne. » En deux mois tout
fut soumis.

D. Quelles dispositions faisaient les alliés ?

R. Il chargeait le général Mélas de se porter
sur l'Italie avec l'élite des troupes autrichiennes.

D. Et le premier consul ?

R. Il remettait au général Moreau 100,000
hommes pour s'opposer à d'autres forces que
les alliés dirigeaient sur le Rhin , tandis que
lui-même faisait organiser, à Dijon , une armée
avec laquelle il avait résolu de marcher sur
l'Italie. « Soldats, disait-il , lorsqu'il en sera
temps je serai au milieu de vous, et l'Europe
se souviendra que vous êtes de la race des
braves qui l'ont déjà étonnée. »

D. Qui tenait l'Italie en attendant l'arrivée de Bonaparte ?

R. Masséna avec 25,000 hommes. Décidé à défendre la capitale de la Ligurie, il occupait, en présence du général Mélas, des positions sur la rivière de Gênes.

D. Quelle était la situation de son armée?

R. Epouvantable. La misère était si grande que, réduite à ne vivre que d'herbes et de racines, une compagnie du 24ᵉ de ligne s'empoisonna tout entière en mangeant de la ciguë. Ce n'était encore là que la moitié du mal. Pour comble d'infortunes, la peste dévorait chaque jour nos soldats par centaine.

D. Que devinrent alors les liens de la discipline ?

R. Ils furent totalement rompus. Pour rendre l'armée à la vie et à la subordination, Bonaparte chargea Masséna de passer des marchés, et fit connaître aux mutins que la valeur n'était que la seconde des qualités du soldat. « Qu'eussiez-vous fait, leur dit il dans une proclamation, si, comme les 4ᵉ et 22ᵉ légères, les 18ᵉ et 52ᵉ de ligne, vous vous fussiez trouvés au milieu du désert, sans pain ni eau, mangeant du cheval et du mulet ? *La*

victoire nous donnera du pain, disaient-elles ;
et vous, vous quittez vos drapeaux ! »

D. La situation des alliés était-elle aussi
cruelle que la nôtre ?

R. Tandis que nos soldats périssaient de
misère, l'abondance, la santé, la discipline
étaient dans le camp ennemi. Mélas profita
de cet avantage pour r'ouvrir la campagne,
et cette campagne se fit sur la crête des Apen-
nins. Jamais on ne vit l'infériorité du nombre
lutter avec plus de gloire et de constance
contre une effrayante supériorité. Masséna,
Suchet, Soult, Oudinot, s'y couvrirent d'une
gloire impérissable.

D. Furent-ils heureux ?

R. Moins qu'ils ne le méritaient. Après un
mois d'héroïsme, ils furent, à l'exception de
Soult et de Suchet, contraints de se renfermer
dans Gênes ; et là, tout ce qui manquait encore
à l'horrible tableau que j'ai tracé, se réunit
pour les détruire. La guerre, la faim, la peste
firent de tels ravages, que n'ayant plus la
force d'enterrer les morts, les vivans respi-
raient, au lieu d'air, la putréfaction de 20,000
cadavres.

D. Cet affreux état dura-t-il long-temps ?

R. Deux mois environ. Voyant que rien ne

pouvait plus le sauver, Masséna offrit de rendre la place à deux conditions. La première était que le mot *capitulation* serait banni du traité ; la seconde, que la garnison rentrerait librement en France.

D. Que répondit l'ennemi ?

R. Qu'il y souscrivait, à la seule réserve de garder prisonnier la personne de Masséna. Selon l'amiral Keith, Masséna valait à lui seul 20,000 hommes. *A demain donc sur le champ de bataille,* répondit l'intrépide défenseur de Gênes ; et frémissant des suites d'une telle résolution, le vainqueur se rendit à toutes les demandes du vaincu.

D. Où ce dernier se retira-t-il ?

R. Vers les frontières du Var. Arrivé sous les murs de Savone, il rencontra le corps de Suchet qui, après avoir soutenu long-temps un combat inégal près d'Oneille, venait de repousser l'ennemi et le poursuivait encore.

D. Que faisait le premier consul ?

R. Parti de Dijon avec l'armée qu'il devait conduire en Italie, il gravissait, avec un matériel immense, les effrayantes sommités du mont Saint-Bernard. Comme le transport de l'artillerie nécessitait des moyens extraordinaires, il fit démonter les affûts et les caissons, chargea les hommes et les chevaux des pièces qu'ils pouvaient porter, et plaça le corps des canons dans des troncs d'arbres façonnés pour les recevoir. Attelés par des câbles à ces troncs, et réglant leur marche sur le bruit du tambour, les soldats parvinrent ainsi jusqu'au monastère qui est au sommet de la montagne, et descendirent, après y avoir pris quelque aliment, du climat affreux des Lapons sous le ciel enchanteur de l'Italie.

D. Où était l'ennemi ?

R. Dans la vallée d'Aoste. Jugeant les Français inférieurs aux Carthaginois, il croyait que les monts franchis par Annibal suffiraient pour arrêter Bonaparte ; mais combien il fut cruellement désabusé ! chassés de tous les postes et de toutes les villes qu'ils occupaient, les Autrichiens se retirèrent avec une si grande précipitation, qu'au bout de quelques jours toutes nos forces se trouvèrent au-delà des Alpes.

D. Quel corps s'est fait remarquer dès ces premiers jours ?

R. Le 12ᵉ régiment de hussards. *Je veux, dit Bonaparte, qu'à la première bataille il charge la cavalerie autrichienne pour rabais-*

ser la morgue et les prétentions de cette troupe.

D. Où s'arrêta le premier consul ?

R. A Milan. Comme on n'y connaissait que depuis vingt-quatre heures sa descente en Piémont, sa présence frappa tellement les esprits, que toutes les villes rétablirent d'elles-mêmes les institutions françaises que l'ennemi avait renversées. C'était beaucoup sans doute; «mais, dit Bonaparte aux soldats, aura-t-on donc impunément violé nos frontières ? Laisserez-vous retourner dans ses foyers l'armée qui a porté l'alarme dans vos familles ? Vous courez aux armes ! Eh bien! marchons à sa rencontre; opposons-nous à sa retraite; arrachons-lui les lauriers dont elle s'est parée, et apprenons au monde que la malédiction du destin est sur les insensés qui osent insulter le territoire du grand peuple. »

D. Par quelles manœuvres le premier consul présida-t-il à l'exécution de ce grand dessein ?

R. Par le passage du Pô. Ce passage fut effectué de telle sorte, que l'armée autrichienne se trouva coupée en deux parties, et que le général Mélas, qui s'était réservé le commandement immédiat de l'une d'elles, se vit inquiété sur ses flancs par Suchet et

Masséna, qui le poursuivaient depuis les bords du Var.

D. Qu'en résulta-t-il ?

R. Une bataille sanglante dans les plaines de Montebello (9 juin.) Quoique l'ennemi s'y défendît parfaitement, il fut chassé de toutes ses positions avec une perte de 8000 hommes, de plusieurs drapeaux, et d'un matériel considérable.

D. Où s'arrêta-t-il ?

R. A Marengo. C'est là qu'on vit arriver à franc étrier l'intrépide général Desaix, fait prisonnier dans les désastres de l'Egypte. « Ordonnez-moi de vous rejoindre, avait-il écrit à Bonaparte; général ou soldat, peu m'importe, pourvu que je combatte auprès de vous ? » Le premier consul lui confia une division et donna le signal de la grande bataille qu'il avait préparée (14 juin). Jusqu'à six heures du soir les destins parurent balancés. Alors, seulement, Bonaparte déploya tous ses moyens, et soudain l'épouvante, le désordre et la mort firent disparaître des rangs ennemis 20,000 hommes, 12 drapeaux et 30 canons.

D. Quel fut pour nous le résultat de la bataille de Marengo ?

R. La conquête de l'Italie. Le succès de

cette bataille tint à si peu de chose, que le premier consul prononça immédiatement après, ces vers que Voltaire mit dans la bouche de César :

> J'ai servi, commandé, vaincu quarante années,
> Du monde entre mes mains j'ai vu les destinées,
> Et j'ai toujours connu qu'en tout événement
> Le destin des états dépendait d'un moment.

D. Quelle grande perte eûmes-nous à déplorer ?

R. Celle du général Desaix, qui tomba mortellement blessé d'une balle. Ses derniers mots seront dans tous les temps sa plus belle oraison funèbre : *Allez dire au premier consul que je meurs avec le regret de n'avoir pas assez fait pour la postérité.* Mais si la mort d'un preux fit couler nos larmes, la gloire d'un autre fit tressaillir nos cœurs. Le jeune Beauharnais..... « Madame, écrivit le consul à sa mère, votre fils marche rapidement à la postérité; il sera quelque jour un des plus grands capitaines de l'Europe.»

D. Défait à Marengo, quel parti prit le général Mélas ?

R. Celui de demander un armistice. Il l'obtint (15 juin), et, réduit à l'occupation de quelques villes, il nous laissa maîtres de tout le pays compris entre la Chiesa, l'Oglio et le Pô. Alors, le premier consul quitta l'Italie, et revint à Paris sous des arcs de triomphe.

Reprise des opérations en Allemagne.

D. Que se passait-il en Allemagne ?

R. Pour forcer le général Kray de sortir du camp retranché d'Ulm, Moreau chargeait le général Decaen de marcher sur Munich ; et voyant que Kray ne bougeait pas, il conçut le hardi projet de passer le Danube entre Ulm et l'embouchure du Lech, pour séparer l'ennemi de ses magasins, couper sa ligne d'opération, et le réduire à la nécessité de venir combattre en plaine.

D. Quelle est votre idée sur ce projet ?

R. Celle qu'en avait le général Bulow quand il l'appela « le plan le plus grand et le plus admirable dont l'histoire des guerres modernes fasse mention. »

D. Le succès répondit-il à l'attente de Moreau ?

R. Complétement. Les Autrichiens fuyaient lorsque, voulant mettre en sûreté le général Decaen, qui se trouvait isolé dans Munich, Moreau chargea Lecourbe d'aller les attendre

au pont de Neubourg, par lequel ils tente-
raient sans doute de déboucher pour marcher
au secours de la Bavière. Ils y parurent en
effet, et il s'ensuivit un combat où, quoique
vainqueurs, nous perdîmes ce vaillant Latour-
d'Auvergne, que les braves avaient justement
surnommé le premier grenadier de la république.

D. De Neubourg, où se porta Lecourbe?

R. Dans le pays des Grisons pour mettre
l'armée d'Allemagne en communication avec
celle d'Italie.

D. Quelles troupes occupaient ces contrées?

R. Celles de Jellachich. Par d'habiles manœuvres, Lecourbe obligea le général autrichien à sortir de Feldkirch où il s'était retranché; et se rendit, sans de trop grands
efforts, maître du Voralberg et de la vallée
des Grisons : ce qui, joint à quelques avantages remportés vers Ingolstadt par le général
Ney, décida l'ennemi à demander un armistice.

D. Lui fut-il accordé?

R. Oui, et cet armistice fut immédiatement suivi de l'ouverture d'un congrès à Lunéville.

D. Quel en était le but?

R. La paix.

D. Quel en fut le résultat?

R. La guerre. Comme le premier consul demandait avant tout qu'il fût permis à la France d'envoyer des secours à l'armée d'E- gypte, l'Angleterre, dont cette condition con- trariait les vues, parvint à rallumer les flam- beaux de la discorde.

D. Etions-nous en mesure de soutenir cette nouvelle lutte?

R. Plus que jamais. A la vérité l'empereur François II et l'archiduc Jean marchaient à la tête de l'armée autrichienne; mais 200,000 hommes d'élite, instruits et commandés par le général Moreau, se trouvaient disposés à tout événement.

D. Qui ordonna la reprise des hostilités?

R. Bonaparte. Quelques frêles avantages remportés par l'ennemi avaient décidé Moreau à feindre une retraite précipitée.

D. Où s'arrêta-t-il?

R. A Hohenlinden, village situé à 8 lieues E. de Munich, et point central entre l'Iser et l'Inn. Le pays est montueux, tourmenté, coupé par des ruisseaux, parsemé de bou- quets de bois; et ce n'est qu'après avoir tra- versé la forêt et dépassé Hohenlinden, qu'on entre dans la plaine qui s'étend jusqu'aux bords de l'Iser.

D. Quelles positions prit Moreau?

R. Celles que la plaine lui offrait, voulant que pour arriver jusqu'à lui l'ennemi s'engageât tout entier sur le mauvais terrain.

D. L'ennemi donna-t-il dans le piége?

R. Trop présomptueux pour l'apercevoir, il courut aux Français avec une confiance aveugle. Alors Moreau déploya ses phalanges et donna le signal du combat (3 décembre 1800). Il est facile de concevoir l'immense avantage qu'il s'était créé sur l'ennemi. Gêné, rompu, comprimé par une multitude d'obstacles renaissans à chaque pas, celui-ci, qui ne pouvait se défendre qu'à demi, se trouva dès quatre heures du soir forcé de fuir en désordre pour aller se réfugier derrière l'Inn. Alors il avait de moins dans ses rangs 17,000 hommes, deux généraux et 100 pièces de canon. « *Mes amis,* disait aux autres braves le général Moreau, *vous avez conquis la paix; c'est la paix, c'est la paix que nous venons de faire.* »

D. Ne se passait-il rien sur d'autres points?

R. Pour établir de faciles communications entre les armées d'Allemagne et d'Italie, Macdonald gravissait le Splugen et s'emparait du Tyrol ; tandis que le général Augereau faisait avec l'armée Gallo-Batave une autre diversion sur le Mein. Les divers engagemens que soutint Augereau donnèrent lieu à différens traits que l'histoire doit conserver. Je n'en citerai qu'un. Deux frères servant deux partis opposés, se reconnurent au fort du combat. Mortellement blessé, le républicain vit son frère s'élancer à son secours. *Retire-toi, lui dit-il, je ne puis reconnaître un frère dans celui qui sert contre sa patrie.*

D. Quel fruit tira Moreau de la bataille de Hohenlinden ?

R. Un acheminement à la paix. Ayant franchi l'Inn et redoublé l'épouvante des Autrichiens, il consentit à signer, le 25 décembre 1800, une seconde suspension d'armes qui ne pouvait durer moins d'un mois, et dont la rupture ne pouvait avoir lieu qu'après un avertissement signifié quinze jours à l'avance. Par ce traité, l'Autriche s'engagea à évacuer le pays des Grisons, le Tyrol, la Carinthie, et à nous remettre les places de Braunau et de Wurtzbourg, sans toutefois conserver la faculté d'envoyer des secours à l'armée qu'elle entretenait en Italie.

Reprise des opérations en Italie.

D. L'armistice imposé par Moreau, était-il applicable à l'armée d'Italie?

R. Non.

D. Qu'attendait-elle donc pour recommencer les hostilités?

R. Que Macdonald eut couvert son flanc gauche par l'occupation du Tyrol.

D. Qui la commandait?

R. Le général Brune. Apprenant que Macdonald avait à peu près consommé son opération, il r'ouvrit la campagne le 17 décembre, battit les Autrichiens à Ponti, à Caviana, à Castellaro; força le passage de la Monzambano; remporta une victoire éclatante à Pozzolo; passa l'Adige et la Brenta, s'empara de différentes villes, et força l'ennemi à signer, dans Trévise, un armistice de quinze jours.

D. Quelle en était la principale condition?

R. La remise aux Français des places de Peschiéra et de Sermione, des châteaux de Vérone et de Legnago, des villes et citadelles de Ferrare et d'Ancône.

D. Comment le premier consul vit-il cet armistice?

R. Avec mécontentement. Il tenait à la

possession de Mantoue, et l'empereur d'Autriche fut encore obligé de lui céder cette place. « *Croit-on*, disait-il, *que les Autrichiens, s'ils me tenaient ainsi, ne me traiteraient pas avec plus de rigueur encore?* »

D. Politiquement vaincue par les deux armistices dont nous venons de parler, que fit l'Angleterre?

R. Elle tourna ses vues sur le royaume de Naples qu'elle s'était attaché depuis le départ des Français. Aussitôt une armée napolitaine, commandée par le transfuge Damas, vint inquiéter les républicains restés en Toscane sous les ordres du général Miollis; et de cruelles insurrections soulevèrent contre nous toute cette partie des provinces italiennes.

D. Damas eut-il l'avantage?

R. Quantité d'échecs l'obligèrent à se retirer pour prendre des renforts, et la reine de Naples, qui ne présageait plus que des revers courut implorer la médiation du czar près du premier consul. Il était temps, car celui-ci dirigeait contre Naples une armée bien capable de renverser son gouvernement.

D. Qui la commandait?

R. Le général Murat. Il était à Florence lorsque l'envoyé du czar y arriva porteur de

l'adhésion du premier consul à la médiation
de son maître. Les hostilités furent à l'instant suspendues (6 février 1801), et bientôt
après on en connut les conditions : tous les
ports de Naples et de Sicile devaient être fer-
més aux Turcs et aux Anglais.

D. Quel était l'envoyé du czar?

R. M. de Lewachew. C'est lui qui, accep-
tant au spectacle de Florence, un drapeau
russe qu'on lui présentait, le joignit soudain
au drapeau tricolore en disant «que les deux
plus grandes nations de l'Europe devaient être
unies pour la paix du monde et le bonheur de
l'humanité. »

*Affaires intérieures et extérieures de la
France.*

D. Que se passait-il en France?

R. D'un côté, l'Angleterre consommait sur
la personne du premier consul, l'effroyable
attentat de la *machine infernale;* et de l'autre,
Bonaparte faisait négocier au congrès sus-
pendu de Lunéville, la paix pour laquelle les
peuples s'égorgeaient depuis si long-temps.

D. Quelle était la note du premier consul?

R. « La rive gauche du Rhin sera la li-
mite de la république française ; elle ne pré-

tend rien sur la rive droite. L'intérêt de l'Europe ne veut pas que l'empereur passe l'Adige. L'indépendance des républiques cisalpine, helvétique et batave, sera assurée et reconnue. Nos victoires n'ajoutent rien aux prétentions du peuple français ; l'Autriche ne doit pas attendre de ses défaites ce qu'elle n'aurait pas obtenu par des victoires. »

D. Ces conditions furent-elles acceptées ?

R. Mot à mot (9 février 1801), et presqu'immédiatement (28 mars) le roi de Naples acheta l'amitié des républicains , tant par la grande condition de l'armistice consenti , que par la cession, à la France, de Porto-Longone, de toutes ses possessions de l'île d'Elbe, de la principauté de Piombino, et des états des présides de la Toscane.

D. L'île n'était-elle pas au pouvoir des Anglais ?

R. Non pas toute l'île, mais la place de Porto-Ferrajo. Bonaparte chargea le général Turreau d'aller la reconquérir, et c'est au rapide succès qu'il obtint, que l'on doit ce mot devenu fameux, de M. Norvins de Montbreton :
« Il semble que le destin se soit plu à attacher à l'élévation de cet homme extraordinaire l'apanage de sa chute. »

D. Quelqu'idée de guerre n'occupait-elle pas encore le premier consul?

R. Le projet qu'il avait conçu de faire fermer aux Anglais tous les ports de l'Europe, nécessitait l'adhésion du Portugal, et il chargea le général Gouvion-Saint-Cyr d'aller avec une armée considérable porter ce dernier coup à l'Angleterre.

D. Réussit-il?

R. Au-delà peut-être de ce qu'il attendait. Persuadé néanmoins « qu'on ne vaincrait jamais les Anglais que dans Londres », Bonaparte assembla quantité de bâtimens dans le port de Boulogne pour exécuter une descente en Angleterre.

D. De quel œil le ministère de la Grande-Bretagne vit-il ces préparatifs?

R. Avec tant d'inquiétude qu'il chargea l'amiral Nelson de partir, avec 30 bâtimens, pour anéantir notre marine. On s'y attendait: Nelson fut reçu (16 septembre 1801) par l'amiral La Touche, avec toute l'intrépidité française, et l'on se souvient encore de la raison dont il se servit pour justifier près de son gouvernement l'inutilité de ses efforts : « La flotille française garda constamment un si grand ordre qu'elle paraissait attachée au rivage, et que ses bâtimens semblaient liés entre eux. »

D. Tant d'entreprises déjouées ne décidèrent-elles pas l'Angleterre à faire la paix?

R. La Russie, la Turquie, la Bavière, venaient encore de lui donner un grand exemple de l'impuissance universelle contre la république. Toutes trois venaient de ratifier une paix qui n'existait encore qu'en négociations; et forcée de céder elle-même au torrent, elle chargea lord Cornwallis, son ministre au congrès d'Amiens, d'accepter enfin les conditions proposées.

D. Quelles étaient ces conditions?

R. La restitution de l'île de Malte à l'ordre de Saint-Jean-de-Jérusalem; l'évacuation des îles et ports occupés par les Anglais, tant dans la Méditerranée que dans l'Adriatique; l'échange des prisonniers en masse et sans rançon.

D. N'est-ce point alors que le premier consul signa un concordat avec le pape?

R. Oui. Ce fut en reconnaissance de tant de bienfaits que le sénat prorogea d'abord à dix ans et ensuite à vie, la dignité consulaire dans la personne de Napoléon Bonaparte.

« Content, répondit le favori du destin, d'avoir

été appelé par celui de qui tout émane, à ramener sur la terre la justice, l'ordre et l'égalité, j'entendrai sonner la dernière heure sans regret..... et sans inquiétude sur l'opinion des générations futures. »

D. Par quoi Bonaparte justifia-t-il d'abord les étonnans bienfaits dont il était comblé?

R. Par la création de la Légion-d'Honneur (19 mai 1802); décoration qui, brillant également sur le cœur du souverain, du soldat, du sage, de l'artiste, était la seule digne des lumières, des mœurs et des vertus de notre âge. Sa devise fut HONNEUR et PATRIE.

D. Aucune guerre ne se préparait-elle?

R. L'Angleterre, violant ses traités en refusant de rendre et l'île de Malte et le cap de Bonne-Espérance, le général Mortier fut chargé de se porter sur le Hanovre avec deux divisions (2 juillet 1803). Il conquit ce pays en trois jours, et avec lui un matériel et des approvisionnemens immenses.

D. Quelle branche de nos forces excitait particulièrement la sollicitude du premier consul?

R. La marine. Que ses vœux étaient bien secondés par la nation! Ce n'était chaque jour qu'offrandes nouvelles, que sacrifices volontaires. Le département du Loiret est le premier qui se signala dans ce concours généreux : il offrit au Gouvernement une frégate de 5o pièces de canon.

D. A Quoi faut-il attribuer ce vif enthousiasme ?

R. A l'admiration qu'inspirait le premier consul. Le plus vrai de tous les hommages qu'on lui rendit est l'inscription qui brillait à Gand sur le portail de l'Académie de peinture :

Vainqueur aux bords du Nil, aux champs de l'Ausonie,
    De la grandeur et du génie
Un héros rassembla les monumens épars ;
    Memphis à Rome est réunie,
    La France est le temple des arts.

D. Comment l'Angleterre voyait-elle la France ?

R. Avec horreur. Frémissant dans son île des maux qu'on lui préparait, elle tenta, pour s'y soustraire, de faire poignarder Bonaparte. Qui le croira jamais ? Les noms de Moreau et de Pichegru se trouvèrent sur la liste des conspirateurs. Moreau fut exilé sur de lointains rivages, et Pichegru s'étrangla dans son cachot.

D. Quelles mesures prit le premier consul ?

R. Toutes celles qu'exigeait la sûreté de l'Etat. Voulant établir une barrière insurmontable entre son gouvernement et celui de la dernière dynastie, il fit arrêter dans le pays de Bade et fusiller dans les fossés de Vincennes (21 mai 1804), le duc d'Enghien, accusé de machination contre la France.

D. Parvenu aux premières dignités de l'Etat, Bonaparte n'ambitionna-t-il point d'autre nom que celui de consul?

R. Il voulut et prit celui d'empereur. Ce fut sa première faute. Devant ses grandeurs à la République, il devait vivre et mourir républicain.

D. Comment la nation prit-elle cette nouvelle élévation?

R. Elle ne pouvait en accuser qu'elle-même et ne s'en accusa point. Gloire, trésors, paix, liberté, elle tenait tout du guerrier qu'elle couronnait, et elle célébra de toutes les manières les fers dont elle chargeait ses bras désarmés:

« Ardens citoyens, chauds amis
Des provinces et de Paris,
Partisans de la république,
Grands raisonneurs en politique,
Dont je partage la douleur;
Venez assister en famille
Au grand convoi de votre fille
Morte en couche d'un empereur.

(157)

L'indivisible citoyenne, '
Qui ne devait jamais périr,
N'a pu supporter sans mourir
L'opération césarienne :
Mais vous ne perdez presque rien ;
O vous que cet accident touche,
Car, si la mère est morte en couche,
L'enfant du moins se porte bien. »

D. On accuse Bonaparte d'avoir usurpé le trône.

R. C'est une absurdité, par la double raison que le trône était vacant, et qu'on n'usurpe point lorsqu'on ne fait que céder au vœu du peuple. Sur 3,521,675 voix données, le dépouillement des registres n'en fit reconnaître que 2569 contre Bonaparte, et c'est, je pense, une assez belle majorité.

D. Par quoi le nouvel empereur signala-t-il son élévation ?

R. Par des paroles de paix au roi d'Angleterre. « Je n'attache point de déshonneur à faire le premier pas, dit-il ; je crois avoir assez prouvé au monde que je ne redoute aucune des chances de la guerre...... Eh! quelle triste perspective que de faire battre des peuples seulement pour qu'ils se battent ! Le monde est assez grand pour que nos deux nations puissent y vivre ; et la raison a assez de puissance pour qu'on trouve moyen de tout concilier, si de part et d'autre on en a la volonté. »

D. Comment répondit l'Angleterre?

R. Par de nouveaux complots. Voulant à tout prix détruire la marine française, elle chargea l'amiral Keith de lancer des brûlots dans la flotille de Boulogne. Ces brûlots étaient de petits bricks contenant un mouvement de pendule, dont les ressorts montés pour plusieurs heures, communiquaient à des coffres remplis d'artifice incendiaire, et devaient produire une explosion dès que l'action de la pendule serait arrivée à son dernier point.

D. Comment se passa l'événement?

R. Keith se présenta, le 3 octobre 1805, avec 25 brûlots protégés par 27 vaisseaux de guerre. A son aspect, l'amiral Bruix prépara sa flotille. Dès qu'il en fut temps, Keith abandonna ses brûlots au courant qui les portait vers les bâtimens français; mais Bruix devinant son dessein, ouvrit la ligne pour les laisser passer, et tous furent sauter sur la côte sans causer le moindre dommage.

D. De quel œil l'Europe vit-elle ces attentats?

R. Avec un profond mépris. Ecoutons ce qu'en dit le maréchal Soult : « S'attaquer ca-

(159)

nons contre canons , baïonnettes contre baïonnettes , tel est le droit de la guerre ; mais une
nation qui n'emploie pour sa défense que des
poignards , des complots , des brûlots, est déjà
déchue du rang qu'elle prétend occuper.
L'histoire nous apprend que , lorsque les nations sont capables et dignes d'obtenir la victoire, elles méprisent , comme Fabricius, les
offres des médecins de Pyrrhus , tandis qu'au
moment de leur décadence les moyens les
plus perfides leur sont bons. »

D. Que se passait-il sur d'autres points?

R. Bonaparte, que j'appellerai désormais
Napoléon , se faisait, à Milan , déclarer roi
d'Italie (26 mai 1805) , et réunissait à l'empire la république ligurienne , qui le lui demandait par une députation.

D. N'avions-nous plus pour ennemis que
la seule Angleterre?

R. Persuadée que sa prospérité intérieure
reposait tout entière sur les troubles du continent , cette puissance venait de s'attacher
l'Autriche et la Russie , et déjà la Bavière et
la Souabe se trouvaient complétement enva-
hies par l'armée autrichienne.

CAMPAGNE DE 1805.

En Autriche.

D. Dans cette grande conjoncture que fit l'empereur Napoléon?

R. Il porta sur le Rhin les armées de Hanovre et de Hollande, qui se joignirent à Wurtzbourg, se mit à leur tête, et courut au secours des Bavarois. « Nous ne nous arrêterons plus, dit-il, que nous n'ayons assuré l'indépendance du corps germanique, secouru nos alliés et confondu l'orgueil de nos injustes agresseurs. Nous ne ferons plus de paix sans garantie ; notre générosité ne trompera plus notre politique. »

D. Où l'empereur trouva-t-il l'ennemi?

R. A Wertingen, à Gunzbourg, à Albeck, à Elchingen. Il le culbuta partout, s'empara des places de Memmingen et de Nordlingen, décerna des récompenses, et porta le siége devant Ulm.

D. Qui défendait cette place?

R. Le général Mack avec 33,000 hommes. Loin de résister, comme il le devait et le pouvait, ce général se rendit après quelques jours de simple blocus. Napoléon faisant défiler sous ses yeux la garnison d'Ulm, un colonel autrichien parut surpris de voir l'empereur des Français plus mouillé et plus crotté que le dernier tambour. « *Votre maître, lui dit Napoléon, a voulu me faire souvenir que j'étais un soldat. Il conviendra, j'espère, que le trône et la pourpre impériale ne m'ont pas fait oublier mon premier métier.* »

D. Comment la France vit-elle la capitulation de Mack?

R. Avec pitié, et l'on se souvient encore d'une épigramme dont son auteur fut l'objet :

> En loyauté comme en vaillance
> Mack est un homme singulier.
> Retenu sur parole, il s'échappe de France ;
> Libre dans Ulm, il se rend prisonnier.

D. Reprenez le détail des opérations?

R. Le prince Ferdinand fuyait avec les 50,000 qui lui restaient des 100,000 qu'il avait amenés, lorsque Murat l'atteignant à Nuremberg, lui fit 16,000 prisonniers, dont 18 généraux, et s'empara de 50 canons suivis de 1500 charriots. Lowers, Amstetten, Marienzell furent immédiatement le théâtre de nouveaux triomphes, et lés places de Prassling, de Lintz, d'Inspruck, furent comme la récompense de cent périls affrontés.

D. L'armée russe ne paraissait-elle pas?

R. Elle arriva pour partager la déroute des Autrichiens. Mis à sa poursuite, le maréchal Mortier l'atteignit près de Dierstein, et se battit un jour entier dans la proportion d'un contre huit. Vainement l'ennemi tenta de cerner et de prendre le corps français; plus terribles que des lions, nos soldats culbutèrent tout ce qui osa s'exposer à leurs coups, et ce nouvel avantage nous ouvrit les portes de Vienne.

D. Cette ville fit-elle quelque résistance?

R. En la quittant, François II l'avait défendu. Napoléon descendit au palais de Schœnbrunn, et choisit pour appartement celui qu'avait occupé cinquante ans avant lui l'illustre Marie-Thérèse. Loin d'insulter à la douleur du peuple, l'armée traversa Vienne dans le plus grand ordre, et se remit à la poursuite de l'ennemi.

D. Quels furent ses nouveaux travaux?

R. La prise d'une foule de villes, d'un matériel immense, et de plus de 20,000 hommes. Elle avançait avec la rapidité d'un torrent, lorsque les avant-postes du prince Murat se trouvèrent tout-à-coup repoussés de Wischau par la subite arrivée d'une armée formidable.

D. Que fit Napoléon?

R. Feignant de craindre une bataille, il se reploya de trois lieues, et prit une position qu'il avait reconnue plusieurs jours avant comme devant jouer un grand rôle dans l'histoire (Austerlitz). C'est là que se livrant aux plus savantes manœuvres, il porta l'ennemi à une foule de mouvemens vicieux, et prédit qu'avant 24 heures toute l'armée combinée lui appartiendrait.

D. Que se passa-t-il d'intéressant dans cette journée?

R. Une des plus belles scènes que nous aient conservées les annales du monde. Dans la soirée, l'empereur visitant *incognito* les bivouacs, fut à l'instant environné de 80,000 hommes qui, munis d'autant de fanaux de paille plantés sur des perches, figuraient, à s'y méprendre, un océan de feu. « Sire, lui dit un vieux grenadier, je te promets, au nom de l'armée, que tu n'auras à combattre que des yeux, et que nous t'amènerons demain les drapeaux et les étendarts de l'armée russe pour célébrer l'anniversaire de ton couronnement. »

D. L'armée tint-elle parole?

R. Dans cette journée (2 décembre) où trois empereurs assistaient en personne, l'armée combinée fut à la fois défaite et cernée sans qu'il pût s'en échapper un seul homme. Acculée contre un lac par les maréchaux Soult et Davoust, la gauche de l'ennemi essaya vainement de fuir à la faveur des glaces, cent coups de canon rompirent le sol fragile qui la portait, et soudain 20,000 hommes furent engloutis.

D. Détaillez-moi la perte de l'ennemi dans cette bataille?

R. 45,000 morts, 35,000 prisonniers, 150 pièces de canon, 20 généraux tués ou pris. La victoire d'Austerlitz porta Napoléon au plus haut degré de la puissance humaine. Maître absolu de ses nombreux adversaires, il fixa à l'armée d'Alexandrie des journées d'étape pour retourner en Russie, et força l'empereur d'Autriche à signer la paix sur le lieu même de sa défaite. Dès-lors le grand empire germanique fut dissous, les rois de Bavière et de Wurtemberg reconnus, les duchés de Parme et de Plaisance, Gênes, la Toscane et Venise, réunis au royaume d'Italie, sous la domination française.

D. Quel fut ensuite le partage de l'armée?

R. Napoléon trouvant qu'il fallait toute sa puissance pour la récompenser, frappa l'Allemagne d'une contribution de cent millions de francs, étendit ses bienfaits jusque sur les veuves et les enfans des blessés et des morts, et annonça qu'il donnerait incessamment, à Paris, une grande fête où tous les corps assisteraient : « Vous avez vu votre empereur partager avec vous vos périls et vos fatigues, dit-il, dans une proclamation ; je veux aussi que vous veniez le voir entouré de la grandeur et de la splendeur qui appartiennent au souverain du premier peuple de l'univers. »

Conquête du royaume de Naples.

D. L'harmonie dura-t-elle long-temps ?

R. Elle fut troublée dans les premiers mois de 1806, par le roi de Naples. Infidèle à ses traités, ce prince recevait des Anglais dans ses ports, et faisait avec eux la guerre aux Français.

D. Que fit Napoléon ?

R. Il prononça la chute de la dynastie régnante, et chargea son frère Joseph d'aller accomplir sa volonté. Ce prince partit et monta sur le trône de Naples. Il ne trouva de résistance que sous les murs de Gaëte, et encore cette place se rendit-elle à l'instant où l'intrépide colonel Guyard se préparait à l'attaquer d'assaut,

CAMPAGNE DE 1806,

En Prusse.

D. LA Prusse était-elle pour la France une sincère amie ?

R. L'événement prouva que non. Séduit par l'or de l'Angleterre et par l'ascendant non moins impérieux de la reine son épouse, le roi Frédéric arma 150,000 hommes et marcha contre nous. Il s'en repentit. « Maréchal, dit l'empereur à Berthier, on nous donne un rendez-vous pour le 8. Jamais un Français n'y a manqué. On dit qu'une belle reine veut être témoin de nos prouesses ; soyons courtois et marchons, sans nous coucher, pour la Saxe. »

D. Napoléon fut-il exact au rendez-vous ?

R. On ne peut davantage. Ayant écrasé l'ennemi sur la Saale, à Schleita, à Gera, à Sautfeld, et voyant une grande bataille se préparer dans les champs de Jéna, il crut pouvoir épargner le sang des hommes en représentant à son royal adversaire tous les inconvéniens d'une guerre sans but. « Sire, ajouta-t-il, votre majesté sera vaincue ; elle aura compromis le repos de ses jours, l'existence de ses sujets sans l'ombre d'un prétexte.

Elle est aujourd'hui intacte et peut traiter avec moi d'une manière conforme à son rang ; elle traitera avant un mois dans une situation différente. »

D. Que fit le roi de Prusse ?

R. Il persista dans l'imprudent désir de combattre (14 octobre 1806). Mais combien il paya cher un instant de témérité ! 60,000 hommes dont 20,000 morts, tous ses bagages, 500 pièces de canon, 50 drapeaux, telle fut la perte qu'il éprouva dans l'espace de 8 heures.

D. Où se dirigea l'armée prussienne ?

R. Sur Berlin. Son désastre était si complet qu'une gazette allemande l'annonça en ces termes : « L'armée du roi a été battue, le roi et ses frères sont en vie. »

D. Napoléon poussa-t-il jusqu'à Berlin ?

R. Il fit plus, il y entra le 27 octobre. C'est de là qu'il envoya à l'Hôtel des Invalides, et l'épée du grand Frédéric et les drapeaux perdus par la France dans la guerre de sept ans. *« J'aime mieux cela que vingt millions, »* dit-il. Son séjour à Berlin fut marqué par un trait de grandeur. Madame la princesse de Hartzfeld, implorant à genoux la grâce de son mari, prévenu de conspiration contre la vie de l'empereur, Napoléon, qui en tenait les preuves écrites, les lui remit en disant : « *jetez sa lettre au feu; cette pièce anéantie, je ne pourrai plus le faire condamner.* »

D. Où s'étaient réfugiés les Prussiens échappés de Jéna ?

R. Dans l'électorat de Hanovre, pour s'y joindre à des renforts attendus d'Angleterre.

D. Qui marcha contre eux ?

R. L'armée d'observation que le prince Louis Bonaparte commandait sous les murs de Wesel. Les battant partout, ce prince les réduisit à rien.

D. N'existait-il plus de Prussiens que dans le Hanovre ?

R. Un corps de 30,000 hommes environ fuyait devant la grande armée. 20,000 se laissèrent prendre à Stettin, à Paswalk, à Amklau ; et lorsque Murat én poursuivait les restes, le général Savary fut abordé, dans Strelitz, par M. de Schullembourg, qui, pleurant de douleur, lui dit ces paroles remarquables : « *Il y a huit heures que j'ai vu passer les débris de la monarchie prussienne. Vous les aurez aujourd'hui ou demain.* »

D. Où furent-ils atteints ?

R. En dix endroits, et notamment à

(169)

Schwartau. Là, cernés par Murat, tous tendirent les mains aux fers du vainqueur.

D. Ayant perdu la monarchie, quel moyen restait-il au roi de Prusse de sauver le monarque?

R. Une proposition d'armistice. Il la fit et Napoléon l'accepta.

D. L'empereur ne devait-il aucune récompense à l'armée?

R. L'ordre d'élever, dans Paris, un TEMPLE A LA GLOIRE, et de fondre une colonne de bronze avec les canons pris à l'ennemi, fut la seule qui lui parut digne des premiers soldats de la terre. Indépendamment d'une foule d'accessoires précieux, l'intérieur du temple devait offrir, sur des tables d'or massif, les noms de tous les hommes morts sur le champ de bataille.

D. Ce temple fut-il achevé?

R. Non, et même on a changé sa destination première. Dédié désormais à sainte Madelaine, le temple de la gloire justifie ce couplet d'*Arlequin au Muséum.*

> Ces murs n'offrent plus de combats,
> Autres temps, autres maîtres;
> Autant on voyait de soldats,
> Autant on voit de prêtres.

8

D. Et la colonne?

R. Celle-ci est terminée. Elle représente, par des bas-reliefs disposés en spirale, tous les travaux de la grande armée; et c'est à cette disposition même que je dus dans les temps l'inspiration de ce quatrain :

Pourquoi tous ces guerriers, d'un pas audacieux
Et des traits ennemis affrontant la tempête,
De ce bronze captif vont-ils chercher le faîte?
C'est qu'après tant d'exploits, leur place est dans les cieux.

D. En ouvrant la guerre, qui se terminait d'une manière si déplorable pour lui, le roi de Prusse ne s'était-il assuré aucun auxiliaire?

R. L'empereur Alexandre venait à son secours. Napoléon courut au-devant de lui et leur livra bataille dans la plaine d'Eylau (8 février 1807). Selon le 58ᵉ bulletin, «300 bouches à feu ont vomi la mort de part et d'autre pendant 12 heures. »

D. Quel en fut le résultat?

R. La retraite des Russes derrière la Prejel. Ils avaient perdu 37,000 hommes, 16 drapeaux et 45 pièces de canon. Après ce nouveau triomphe, Napoléon fit prendre à l'armée des cantonnemens sur la Vistule. « Qui osera en troubler le repos s'en repentira, dit-il ; car au-delà de la Vistule , comme au-delà du Danube , au milieu des frimas de l'hiver, comme au commencement de l'automne , nous serons toujours les soldats français et les soldats de la grande armée. »

D. Ne faisions-nous alors le siége d'aucune place importante ?

R. Le maréchal Lefebvre écrasait sous des bombes la ville de Dantzick , que le général Kalkreuth défendait avec 21,000 hommes et 800 pièces de canon. Il la prit (24 mai 1807) après avoir déployé, pendant 54 jours, tout ce que le génie de la guerre a de plus savant et de plus périlleux. Napoléon en fut tellement satisfait qu'il nomma le maréchal Lefebvre , duc de Dantzick : c'était la première fois que des honneurs de ce genre étaient décernés dans le camp français.

D. L'ennemi ne troubla-t-il pas la paix de nos cantonnemens ?

R. Des négociations s'entamaient entre les partis, lorsque les Russes firent entendre un nouveau cri de guerre. Les ayant écrasés à Spandau, à Lomitten , à Altkirchen , à Glottau , Napoléon les joignit dans la plaine de Friedland. « *Prince*, dit à Murat le colonel d'Avenay, *faites la revue de mon régiment,*

*vous ne verrez pas un cuirassier dont le sabre
ne soit ensanglanté comme le mien.* »

D. Quel événement suivit cette rencontre?

R. Une bataille plus cruelle encore que les
précédentes. Aux premiers coups de canon,
« *C'est un jour de bonheur,* dit Napoléon, *c'est
l'anniversaire de Marengo* » (14 mai 1807).
Il fut heureux en effet. Complétement battu,
l'ennemi nous abandonna 48,000 hommes,
80 pièces de canon et la plus forte partie de
ses bagages. En nous ouvrant les portes de
Kœnigsberg, de Glatz, et de Neiss, cette
victoire réduisit la monarchie prussienne à
la seule ville de Memel.

D. Des défaites si complètes et si multipliées ne firent-elles pas sentir aux alliés le
besoin de vivre en paix?

R. Ils le sentirent tellement qu'ils entamè-
rent sur-le-champ des négociations. Napoléon ne fut point inflexible, et le 25 juin 1807,
une nouvelle paix continentale essuya, dans
Tilsitt, les pleurs des nations.

D. Quelles étaient les conditions du traité?

R. D'une part, que le roi de Prusse céde-
rait au roi de Saxe une certaine portion de
territoire; et au prince Jérôme Bonaparte,
ce qu'il lui fallait de provinces pour former

le royaume de Westphalie; de l'autre, que les souverains de la Russie et de Prusse reconnaîtraient ceux de Westphalie, de Naples et de Hollande, faits récemment par la volonté de Napoléon. Ce traité fut immédiatement suivi d'une entrevue de Napoléon et d'Alexandre, sur un radeau fixé au milieu du Niémen. Les deux souverains, qui venaient de se combattre avec tant de valeur, s'embrassèrent à la vue de leurs armées superbement déployées sur les deux rives.

CAMPAGNE DE 1809,

En Autriche.

D. RIEN ne menaçait-il plus la paix continentale ?

R. Oubliant ses désastres, l'Autriche faisait marcher 150,000 hommes contre la France pour faire une diversion favorable à l'Espagne, et venger en même temps l'abaissement de ses armes dans les champs d'Austerlitz.

D. Quelle était la situation de l'armée française ?

R. D'autant plus brillante, que la Pologne et tous les états de la confédération du Rhin s'étaient joints à la cause du triomphateur.

D. Sur quel point la guerre se ralluma-t-elle ?

R. En Autriche, en Italie, en Dalmatie, et en Pologne.

D. Détaillez-moi d'abord les opérations d'Autriche ?

R. Des partis de cavalerie s'étaient déjà inquiétés sur l'Iser et sur l'Inn, lorsque Napoléon arriva à Ingolstadt (18 avril). L'ennemi fut battu partout où il osa se montrer, et notamment à Abensberg, où le maréchal Lefebvre lui fit 18,000 prisonniers.

D. Quelle fut la suite de cet engagement ?

R. D'abord un violent combat sous les murs de Landshutt, ensuite l'occupation de cette ville par le duc d'Istrie. Les Autrichiens croyaient nous échapper en brûlant le pont ; mais le général Mouton leur prouva l'impuissance d'un tel moyen. Confiant ses destins aux poutres enflammées, ce brave franchit la rivière et la ville, se battit avec fureur dans les murs, et joint bientôt par le duc de Rivoli, prit 8000 hommes, 3o canons, 6oo caissons attelés , 5000 voitures de bagages et 5 équipages de pont.

D. La victoire nous favorisait-elle au même degré sur tous les points ?

R. Cernés dans Ratisbonne par toutes les forces de l'archiduc Charles , 1000 hommes du 65e régiment se rendaient après avoir brûlé jusqu'à leur dernière cartouche.

D. A cette nouvelle que fit Napoléon ?

R. Il jura de venger l'affront dans les vingt-quatre heures , disposa ses légions , et livra bataille dans les champs d'Eckmühl (22 avril). Bien que la moitié de l'armée n'eût pas donné, l'ennemi perdit à Eckmühl 30,000 hommes , ses bagages , 15 drapeaux et la majeure partie de ses canons. Après ce beau triomphe , Napoléon marcha sur Ratisbonne , où se trouvait rassemblée toute la cavalerie autrichienne. La conquête de la ville , l'extermination de six régimens et la prise de 9000 hommes ne furent , pour les Français, que l'objet d'un coup de main.

D. Ces horribles revers ne décidèrent-ils pas l'Autriche à demander une suspension d'armes ?

R. La fureur guidant seule les princes de la maison de Lorraine , cette maison méconnut

ses véritables intérêts. On continua d'ensan-
glanter les eaux du Danube ; et n'étant plus
pour nous qu'une barrière impuissante, ce
fleuve revit une seconde fois les Français aux
portes de Vienne.

D. Y entrâmes-nous avec autant de facilité
qu'en 1805 ?

R. Il fallut cette fois couvrir la ville de
bombes et d'obus.

D. Qui la défendait ?

R. Le prince Maximilien. Se voyant sur le
point d'être tourné, ce prince qui, peu
d'heures avant, jurait encore de s'ensevelir
sous les ruines de la place, se trouva trop
heureux de pouvoir en céder l'honneur au
général O'Reilly. Napoléon parle de cette fuite
dans une proclamation : « Les princes de cette
maison, dit-il, ont abandonné leur capitale,
non comme des soldats d'honneur qui cèdent
aux circonstances et aux revers de la guerre,
mais comme des parjures que poursuivent
leurs propres remords. En fuyant de Vienne,
leurs adieux à ses habitans ont été le meurtre
et l'incendie : comme Médée, ils ont, de leurs
propres mains, égorgé leurs enfans. »

D. Quelle fut la défense du général O'Reilly ?

R. Honorable, mais sans folle témérité.

Voyant qu'il fallait céder au sort, O'Reilly fit ouvrir les portes de la place, et, pour me servir d'une pensée de l'Empereur, « un mois après que l'ennemi avait passé l'Inn, au même jour, à la même heure, nous entrâmes dans Vienne. »

D. Comment le peuple fut-il traité ?

R. Avec tout le respect qu'on doit à l'infortune. « Soldats, avait dit Napoléon, soyons bons pour les pauvres paysans et pour ce bon peuple qui a tant de droits à notre estime ; ne conservons aucun orgueil de nos succès ; voyons-y une preuve de cette justice divine qui punit l'ingrat et le parjure. »

D. Que se passait-il en Pologne ?

R. Le prince Ferdinand y faisait de nombreuses tentatives pour s'emparer de Varsovie ; ces tentatives ne durèrent qu'un instant. Obligé de venir au secours de l'Autriche, ce prince se reploya rapidement sur le Danube.

D. Que faisait François II ?

R. Nationalisant la guerre, il mettait toute la population de ses états en présence des héros d'Austerlitz. Pour déjouer ses projets, Napoléon passa le Danube près d'Ersdorff, et sans attendre que toutes ses forces eussent franchi le fleuve, livra bataille près d'Essling (22 mai).

«*On s'est trop pressé*, dit le maréchal Lannes au docteur Lannefranque; *je n'ai pas une bonne idée de cette affaire; mais, quelle qu'en soit l'issue, ce sera pour moi la dernière bataille.* »

D. Que devint cette prédiction ?

R. Elle s'accomplit. Au moment où les Autrichiens fuyaient, une crue des eaux emporta tous les ponts du Danube, et sépara l'empereur de la majeure partie de l'armée. Cet événement suspend la déroute des Autrichiens, ils se rallient, reviennent à la charge, et tirent sur les Français 40,000 coups de canon, auxquels, faute d'artillerie, ceux-ci ne savent que répondre.

D. Dans cette cruelle circonstance qu'ordonna Napoléon ?

R. De vaincre, et l'on vainquit. Ecrasés de nouveau, les Autrichiens s'enfuirent avec une perte de 27,000 hommes, dont 12,000 morts. Nous pleurâmes cette victoire, toute glorieuse qu'elle était. Le maréchal Lannes.... Mais gardons-nous de le plaindre : l'instant de son trépas fut celui de son apothéose.

D. L'empereur s'attacha-t-il aux pas de l'ennemi ?

R. Non. Comme il fallait réunir l'armée,

il se retira dans l'île de Lobau pour y consommer cette grande opération.

D. Les Autrichiens n'entretenaient-ils aucune intelligence dans le Tyrol ?

R. Pour détruire toutes les communications qui existaient entre la grande armée et l'armée d'Italie, le feld-maréchal Chasteller tenait les villes et les campagnes de cette contrée en insurrection contre les Français. Il fut défait par le maréchal Lefebvre, abandonné des siens, et forcé de fuir en Hongrie. Moins général qu'assassin, il venait de faire égorger en Tyrol 1800 Bavarois et 700 Français qui s'étaient rendus prisonniers.

D. Que se passait-il en Italie ?

R. Foudroyant partout les divisions de l'archiduc Jean, le prince Eugène Beauharnais repoussait devant lui toutes les forces autrichiennes pour venir par le Tyrol se joindre à la grande armée. Cette jonction se consomma le 26 mai dans les murs de Bruck. « Soyez les bien-venus, dit l'empereur aux soldats d'Italie, je suis content de vous. Surpris par un ennemi perfide avant que toutes vos colonnes fussent réunies, vous avez dû rétrograder jusqu'à l'Adige. Mais lorsque vous reçûtes l'ordre de marcher en avant, vous étiez sur le champ mémorable d'Arcole, et là vous jurâtes, sur les mânes de nos héros, de triompher. Vous avez tenu parole à la bataille de la Piave, aux combats de Saint-Daniel, de Tarvis, de Goritz; vous avez pris d'assaut les forts de Malborghetto, de Pradel, et fait capituler la division ennemie retranchée dans Prewald et Laybach. Vous n'aviez pas encore passé la Drave, et déjà 25,000 prisonniers, 60 pièces de bataille, 10 drapeaux avaient signalé votre valeur. Depuis, la Drave, la Save, la Muer, n'ont pu retarder votre marche. »

D. Quelle fut en Allemagne le début de l'armée d'Italie ?

R. La mise en déroute près de Raab (24 juin), de 50,000 Autrichiens formant l'effectif des corps réunis de l'archiduc Jean et de l'archiduc palatin. Indépendamment de 6000 hommes vifs ou morts, de 6 canons, de 4 drapeaux, de la place de Raab, et d'un vaste camp retranché, cette victoire nous valut l'honneur du plus beau trait de bravoure dont l'histoire puisse léguer le souvenir à la postérité. Cerné par 20,000 Autrichiens, le 84ᵉ régiment de ligne soutint leur choc pendant dix heures, leur tua 2000 hommes, et attendit ainsi qu'on vînt le délivrer. Napoléon en fut tellement satisfait qu'il fit mettre pour devise, sur les drapeaux de cet intrépide régiment : UN CONTRE DIX.

D. Dites-moi ce qui se passait en Dalmatie.

R. Non moins heureux que le prince Beauharnais, Marmont écrasait partout les corps qui osaient lui résister. C'est ainsi qu'ayant triomphé en vingt endroits, et notamment à Gospich, il opéra (30 juin) sa jonction avec l'armée d'Italie.

D. L'armée de Pologne était-elle restée sous les murs de Varsovie?

R. S'attachant aux pas du prince Ferdinand qui, comme je l'ai dit, se reployait sur l'Autriche, elle détruisit dans sa marche le corps-franc du colonel Schill, et pour se joindre à la grande armée, vint s'établir en Gallice.

D. Quel emploi tira Napoléon de la réunion de ses forces?

R. Il quitta l'île de Lobau, se reporta sur la rive gauche du Danube, joignit l'ennemi et livra bataille dans les champs de Wagram (6 juillet). 400,000 hommes, secondés par 1500 pièces de canon, s'égorgèrent sur le même point pendant un jour entier. La victoire ne nous fut point infidèle. Mis dans une déroute complète, l'ennemi nous abandonna 60,000 hommes dont 20,000 prisonniers, 40 canons, 10 drapeaux, et tous ses bagages. Nous ne pûmes le détruire entièrement, car long-temps avant la chute du jour on ne l'apercevait déjà plus.

D. Quel fut le fruit de cette victoire?

R. La paix. Voulant toutefois de suffisantes garanties, Napoléon y mit pour condition première, que la main de l'archiduchesse Marie-Louise lui serait accordée. C'était cimenter par les plus chers intérêts l'alliance politique qui se formait entre les deux empires, et concilier les divers partis qui existaient sourdement en France, en rendant les descendans de Louis XVI cousins-germains de l'empereur Napoléon.

D. De quel œil l'Angleterre vit-elle cette nouvelle paix?

R. Avec une nouvelle rage. Voulant toutefois nous porter un dernier coup, elle chargea lord Chatam d'envahir la Flandre avec 35,000 hommes, de rendre impraticable la navigation de l'Escaut, de mettre le Brabant à contribution, de s'emparer des îles de Catzand et de Walcheren, de détruire les arsenaux et les chantiers d'Anvers , de Flessingue et de Terneuse.

D. Comment le noble lord remplit-il sa mission ?

R. D'une manière pitoyable. Adoptant un système de tâtonnement, qu'aurait rejeté le dernier de ses soldats, il attendit pour agir qu'une dépêche télégraphique du général Chambarlhac eût rassemblé sur la côte tout ce que le nord de la France avait d'hommes capables de lutter. Se bornant alors à la seule destruction des remparts de Flessingue, il s'en retourna couvert de honte et de ridicule. Nos soldats ne disaient plus *lord Chatam,* mais *lord J'attends.* Arrivé en Angleterre, il reconnut, dit-on, que les huées parties de nos rivages faisaient écho sur les côtes britanniques.

GUERRE D'ESPAGNE.

D. Détaillez-moi les causes primitives de cette guerre.

R. Elles remontent à 1807. Voyant les Français fortement occupés dans le nord , par les Prussiens et les Russes, le roi Charles IV crut à la possibilité de venger ses premières défaites, et déploya contre nous tout l'appareil des plus sanglantes hostilités. Il allait franchir les Pyrénées lorsqu'il apprit que la paix était conclue. Cette nouvelle déconcerta ses desseins. Il retira ses troupes et feignit de voir avec joie l'harmonie se rétablir; mais il s'était découvert; et dès-lors, ne le regardant plus que comme un ami de circonstance, Napoléon jura de le précipiter du trône à la première occasion.

Cette occasion se présenta dès l'année suivante. Forcé, par des insurrections, d'abdiquer en faveur de son fils Ferdinand VII, Charles IV laissa passer l'orage et redemanda la couronne. Il résulta des prétentions opposées du père et du fils, des débats dans lesquels Napoléon intervint comme médiateur. Alors, prétextant la nécessité de voir, d'entendre et de juger par lui-même, l'empereur des Français invita les deux princes à venir le joindre dans les murs de Bayonne.

Ils le firent, et à peine Napoléon les eut-il entendus qu'il déclara l'abdication de toute nullité. Cet arrêt paraît être le résultat d'une intrigue, car dès que Charles IV se revit en possession du pouvoir, il s'en démit de nouveau pour que Napoléon en disposât à son gré. Celui-ci le remit à son frère Joseph, qui, roi de Naples jusqu'alors, changea de trône et partit pour Madrid.

D. Que faisait donc Ferdinand VII?

R. Craignant les obstacles qu'il n'eût pas manqué d'opposer au nouvel ordre de choses, Napoléon le retenait prisonnier dans Bayonne, et poursuivait l'exécution de ses plans.

D. Ferdinand VII n'avait-il point de partisans en Espagne?

R. Un prince n'en manque jamais quand il a des trésors et de l'ambition. Excité par l'injustice, la violence, et peut-être les intérêts de sa gloire, du fond de sa prison, Ferdinand souleva le peuple espagnol contre l'armée française.

D. De quoi se composait cette armée?

R. D'abord, de 20,000 hommes rassemblés dans Madrid, sous les ordres de Murat, pour marcher sur le Portugal; ensuite de plusieurs divisions destinées à protéger la prise d'occupation du pays par le roi Joseph.

D. Quelles mesures prenaient les grands d'Espagne dans l'intérêt du prince Ferdinand?

R. N'étant plus maîtres de Madrid, ils trans-

portaient le gouvernement à Séville ; et ce gouvernement, prenant le titre de junte suprême,
levait des légions dans toutes les provinces
que ne contenait point encore la présence des
Français.

D. Quels ressorts toucha la junte pour
insurger le peuple ?

R. Ceux du fanatisme, de l'intérêt et de la
liberté : l'expérience a démontré qu'ils étaient
en effet les seuls à toucher dans cette grande
occasion.

D. Détaillez-moi les premières hostilités.

R. Tandis que le maréchal Moncey échouait
avec 15,000 hommes contre les murs de Va-
lence, le maréchal Bessières, suivi de 14,000,
se portait de Madrid sur le royaume de Léon,
qu'occupait le général Cuesta avec 56,000
combattans. Les deux armées se rencontrèrent, le 14 juillet, près de Medina-del-Rio-
Seco, et quoique les Espagnols se battissent
dans la proportion de 4 contre un, ils éprouvèrent un tel ravage, que les curés des pa-
roisses voisines évaluèrent à 27,000 le nombre
des cadavres dont on leur confia l'inhuma-
tion. Ce qu'il y eut de remarquable dans cette
victoire, c'est que nous trouvâmes parmi les
dépouilles des vaincus quantité de cordes et de

chaînes rassemblées à l'avance pour garrotter les prisonniers. En apprenant les brillans résultats de cette journée, Napoléon s'écria : *C'est la bataille de Villa-Viciosa; Bessières a mis Joseph sur le trône;* et en effet, cette bataille nous rendant maîtres de toutes les villes environnantes, le nouveau roi fit, le 20 juillet, son entrée solennelle dans Madrid.

D. Quelles mesures le monarque prit-il pour se maintenir dans sa conquête?

R. Comme son trône ne reposait que sur la victoire, il chargea le général Dupont de partir avec 15,000 hommes pour s'emparer de Cadix ; mais dans sa marche, Dupont fut défait, à Baylen, par les 25,000 Espagnols du général Reding, obligé de mettre bas les armes et conduit sur les côtes de l'Andalousie, où il vit une partie de ses compagnons massacrés par le peuple.

D. Que pensa-t-on en France de la défaite de Dupont?

R. Beaucoup de choses funestes à sa gloire : le fait est que cette défaite obligea les Français à évacuer toutes les places qu'ils avaient conquises, pour faire de la ville de Burgos le point central de leurs opérations. Forcé de quitter Madrid, le roi Joseph suivit l'armée.

D. N'avions-nous à combattre que les Espagnols ?

R. Un traité conclu entre la junte de Séville et le cabinet de Saint-James, venait de faire débarquer, dans la baie de Mendego, 5o,ooo Anglais commandés par sir Arthur, depuis duc de Wellington : joints à 6ooo Portugais, ils débutèrent par remporter d'éclatans avantages sur les généraux Laborde et Junot.

D. A la nouvelle de ces revers que fit Napoléon ?

R. Il quitta Paris, le 1ᵉʳ septembre, pour aller dans Erfurt s'assurer de l'amitié d'Alexandre, rassembla plusieurs régimens stationnés en Allemagne, marcha sur l'Espagne et battit le gros de l'ennemi sous les murs de Burgos, tandis que le maréchal Victor écrasait d'autres divisions sur les hauteurs escarpées de Spinosa.

D. Le vainqueur suspendit-il sa course ?

R. Son grand principe étant qu'il ne faut jamais laisser à un ennemi battu le temps de se reconnaître, il poursuivit comme un torrent ses rapides avantages ; culbuta, devant Tudela, 45,ooo hommes qui s'y étaient retranchés sous les ordres du général Castanos ; les atteignit encore à Somma-Sierra , les foudroya de nouveau, et porta , le 2 décembre, le siége devant les remparts de Madrid. Tous ces évé-nemens se passèrent en deux mois.

D. Quel était alors l'état de Madrid?

R. Les factions, l'incendie , le meurtre et le pillage en faisaient un séjour d'horreur. Elle résista deux jours aux ravages des bom-bes, et lorsqu'une députation vint annoncer à Napoléon que la ville se rendait, on re-marqua ce terrible passage dans la réponse de l'empereur : « *Tout sera soumis ou par la persuasion, ou par les armes : il n'est aucun obstacle capable de retarder long-temps l'exé-cution de mes volontés.* »

D. Par quels travaux législatifs Napoléon signala-t-il son entrée dans la capitale de son frère ?

R. Il supprima la féodalité , l'inquisition et les monastères, fléaux contre lesquels l'esprit du siècle et le bonheur des peuples s'éle-vaient également ; après quoi , passant la revue de son armée , il déploya , sous les yeux des Espagnols, 60,000 hommes, 150 pièces de canon et 1500 fourgons chargés. Ce n'était pas tout , des corps nombreux occupaient To-lède , Burgos, Barcelone et Talaveira. Tant

de ressources firent sentir à l'ennemi les difficultés de la tâche qu'il s'était imposée , et ce
fut alors que parut dans tous les cantons cet
ordre qui ne cessa jamais d'être exécuté ponc-
tuellement :

« A l'aspect des Français toutes les cloches
sonneront; si les habitans ne peuvent arrêter
l'ennemi , ils cacheront ou brûleront tout ce
qu'ils possèdent pour se réfugier dans les montagnes. Les tirailleurs suivront l'armée française , arrêteront ses traînards , et recevront
une récompense pour chaque tête qu'ils ap-
porteront au quartier-général. »

D. Les Anglais qui avaient jeté des troupes
en Portugal , bornèrent-ils là leurs secours?

R. Ils en jetèrent également en Espagne ,
et ce fut sir John Mohr qui les commanda.
Le maréchal Soult courut à eux , les chassa
d'Astorga et les défit à Cacabella, le 3 janvier. C'est dans cet engagement que nous perdîmes le général Colbert. Deux jours avant,
Napoléon lui disait : *Vous recevrez dans peu
la récompense qui vous est due. Dépêchez-vous,
sire,* lui répondit Colbert, *car, bien que je
n'aie que 30 ans , je sens que je suis très-vieux.
Je meurs bien jeune,* dit-il, en tombant, *mais
j'en suis consolé puisqu'à mon dernier soupir,*

je vois fuir les ennemis de ma patrie. Sa mort
fut vengée, le 16, par celle même de sir John
Mohr. Rompue et dispersée sur les hauteurs
de la Corogne, l'armée anglaise nous abandonna la contrée pour se rembarquer immédiatement. Après ce brillant succès, Napoléon, confiant à Ney les troupes de Soult,
chargea ce dernier d'aller vaincre en Portugal. Soult partit avec un corps d'armée, et
tua, dans trois rencontres, 18,000 hommes au
marquis de la Romana qui fuyait vers Oporto.

D. Que se passait-il sur les autres points?

R. Lefebvre et Gouvion-Saint-Cyr déli-
vraient la Catalogne et les rives du Tage de
la présence de l'ennemi, tandis que, plus heureux encore, Victor détruisait complétement
l'armée de Vénégas : 12,000 prisonniers, 30
drapeaux et toute l'artillerie espagnole, furent
les trophées dont ce maréchal enrichit sa gloire
dans la journée du 13 janvier. J'ai dit que
Soult poursuivait la Romana vers Oporto. Le
29, il prit cette place d'assaut, et, dédaignant
ses droits, la fit respecter comme ville française.

D. N'existait-il point alors, en Espagne,
un prince autrichien qu'un parti nombreux
appelait à régner sur le Tage?

R. Le bruit en courait du moins ; et c'est
en partie au désir de s'emparer de sa personne que l'empereur fit assiéger Sarragosse
par le maréchal Lannes. Cette ville contenait,
indépendamment de son immense population,
plus de 50,000 paysans rassemblés par le
général Palafox. Lannes n'avait que 31,000
Français pour les réduire ; mais il disposa de
ses moyens avec un si grand art et une ardeur si soutenue, qu'après avoir, pendant 52
jours, écrasé la ville sous les ruines de la ville
même, Sarragosse n'était plus qu'un horrible
mélange de cadavres et de décombres sur
lequel des fanatiques guidés par des moines,
se faisaient égorger au nom du ciel. 54,000
habitans périrent dans ce siége malheureux.
Fatigué du carnage, l'esprit aime à contempler
Mme la comtesse de Burita qui, suivie des
dames les plus distinguées par leur naissance
ou par leur fortune, allait sur les ruines brû-
lantes des maisons écroulées, secourir des
soldats blessés que les boulets ou la mitraille
achevaient souvent dans ses bras.

D. Que fit Napoléon après la reddition de
Sarragosse ?

R. Regardant son frère comme affermi sur
le trône, il s'entoura d'une partie des vain-

queurs du Nil, du Tibre et du Tage ; quitta l'Espagne et revint à Paris ; quitta Paris et vola sur le Danube où la guerre se rallumait.

D. A quelle époque vit-on renaître, en Espagne, les hostilités momentanément suspendues ?

R. Le 27 mars 1809, à Ciudad-Réal et à Médellin. L'armée d'Andalousie qui, forte de 12,000 hommes, avait pris des positions à Ciudad-Réal, fut taillée en pièces par le général Sébastiani, et le lendemain défaite encore à Santa-Crux. Quant à la patrie de Fernand Cortez (Médellin), elle fut le tombeau de 12,000 Espagnols que 16,000 Français, commandés par le maréchal Victor, tuèrent aux 34,000 du général Cuesta. 8000 prisonniers, 30 canons et 9 drapeaux, sont les trophées dont se couronna le vainqueur. On admira dans cette journée la fierté que les Espagnols conservaient au sein même des plus grandes infortunes. Sommés par un aide-de-camp de crier *vive le roi Joseph*, de 12,000 qu'ils étaient un seul eut la faiblesse d'obéir ; et comme les officiers avaient conservé leurs armes : *scélérat, tu ne trahiras pas deux fois la patrie,* lui dit un d'entre eux, en lui plongeant son épée dans le cœur.

D. Que faisait le maréchal Soult en Portugal?

R. Comme des renforts avaient porté l'armée anglaise à 80,000 combattans, il se reployait avec ses 20,000 hommes d'Oporto sur les Asturies, où il ne tarda point à être joint par le maréchal Ney. Ce qu'il y eut d'admirable dans la retraite de Soult, c'est que lui, qui devait périr aux défilés de Salamonde, écrasa dans sa marche un corps d'insurgés qui prétendait lui en interdire le passage, et délivra la ville de Lugo que tenaient investie les révoltés de la Galice.

D. Que se passa-t-il de marquant jusqu'à la fin de 1809?

R. Le général Bonnet défit deux corps espagnols qui occupaient la ville de Saint-Ander, et délivra 600 prisonniers français que le peuple destinait aux plus cruels supplices; Suchet tua ou prit au général Black 3000 hommes et 25 pièces de canon qu'il avait à Santa-Fé; Victor se reploya sur l'Albercho après avoir livré, près de Talavera, une bataille de résultat incertain, à Wellington qui s'avançait vers l'Estramadure, et qui fut contraint de se retirer sur le Portugal; Sébastiani remporta, près d'Almonacid, une victoire éclatante sur les débris errans du corps de Vénégas ; Kellermann défit, près d'Albade - Tormes, le corps du général Cuesta que poursuivait celui de Ney, passé sous les ordres de Marchand ; et 24,000 Français, commandés par Mortier, mirent dans la plus horrible confusion 55,000 Espagnols, rassemblés par Arrizaga, dans la plaine d'Ocana, près d'Aranjuez.

D. Sont-ce là toutes les opérations de cette campagne ?

R. Il en est d'un ordre différent. Tandis que le maréchal Augereau prenait la ville de Gironne, ses 5000 défenseurs et leurs 200 pièces de canon, Soult poursuivait l'armée espagnole dans la chaîne des montagnes qui s'étend depuis le Guadiana jusqu'au Guadalquivir, assemblage affreux des gorges et des précipices les plus épouvantables. Victorieux partout, Soult et Victor prirent la place de Séville, dispersèrent la junte, et ce qui leur parut mille fois plus précieux que la plus belle victoire, retrouvèrent les aigles et les drapeaux perdus par Dupont dans la journée de Baylen. La prise de Malaga, par Sébastiani ; de Lérida et de Mesquinenza par Suchet ; le siége de Cadix, par Victor, suivirent immédiatement ces glorieux avantages.

D. Le siége de Cadix n'offrit-il rien d'in-téressant ?

R. Un ouragan qui dura 3 jours fit échouer, près de Lestrua, quatre vaisseaux anglais. Rien de plus magnanime que la conduite des marins de la garde. Ces généreux guerriers volèrent au secours de leurs ennemis péris-sans, avec autant d'ardeur qu'ils en mettaient à les combattre sur un champ où la victoire pouvait être disputée. Mais si le 10 mars fut un jour de véritable gloire, le 15 mai en fut un de vrai bonheur. Entassés dans les pon-tons anglais, 1500 des prisonniers faits à Baylen se révoltèrent contre leurs gardiens, et vin-rent sur leur prison flottante se réunir à leurs anciens compagnons. La lyre même de Virgile n'eût rendu qu'imparfaitement l'empressement qu'on mit à les vêtir et à les fêter ; mais comme la plupart d'entre eux avaient l'esprit aliéné par les mauvais traitemens et les privations, ils ne purent que faiblement jouir du bon-heur inespéré qui terminait leurs infortunes.

D. Les lyres françaises n'ont-elles pas cé-lébré la délivrance des prisonniers de Baylen ?

R. Toujours prompt à éterniser ce qui se rattache à la gloire de sa patrie, l'un de nos plus agréables comme de nos plus modestes

poëtes, M. Albert Montémont, a chanté cet
événement par une ode finissant ainsi :

> Venez, venez, enfans de la victoire,
> Partager ces banquets sur le rivage offerts.
> Consolez-vous de vos tourmens soufferts,
> Consolez-vous : les chantres de la gloire
> De vos faits immortels charmeront l'univers.

D. Dans quelle situation était l'armée française à l'ouverture de la campagne de 1810 ?

R. Plus belle qu'elle n'avait jamais été. La paix que Napoléon venait de conclure avec les souverains du Nord, lui avait donné les moyens de renvoyer en Espagne les divisions qu'il en avait tirées ; et Masséna qui venait de prendre le commandement en chef, contribuait par sa réputation à doubler l'espoir de la France et de l'armée.

D. Cet espoir était-il fondé ?

R. L'événement a prouvé que la France et l'armée se trompaient. Affaibli par le poids des années et par le sang répandu, Masséna n'était plus que l'ombre du vainqueur de Zurich ; tandis que, dans toute la vigueur de l'age, l'homme que le sort destinait à devenir son rival de gloire, Wellington ne négligeait aucun des moyens qui pouvaient le faire triompher. Il avait encore sur Masséna l'incontestable avantage que donnent une parfaite connaissance des localités, le dévouement des peuples, et l'habitude de combattre sur le même terrain.

La prise de Ciudad-Rodrigo et des 6000 hommes qui défendaient cette ville, fut la première opération de la campagne, et fit particulièrement honneur au maréchal Bessières, qui, pendant 25 jours, conduisit ce siége important. Wellington s'avançait alors avec une puissante armée, du Portugal où l'avait rejeté la bataille de Talavera. Masséna le joignit sur la frontière, culbuta ses avant-postes et forma le siége d'Alméida, place d'autant plus importante qu'elle était abondamment pourvue. Alméida se préparait à une vigoureuse résistance, lorsqu'une de nos bombes, tombant sur un magasin à poudre, ensevelit la ville sous ses propres débris. Nous y entrâmes le 27 août : ce n'était plus qu'un vaste tombeau où quelques êtres vivans cherchaient, noyés dans les pleurs, les corps engloutis de ceux auxquels se rattachait leur existence.

D. Que faisait Wellington ?

R. Ayant rassemblé toutes ses forces, il se porta sur la Sierra-de-Busaco. Masséna, qui voulait l'obliger à repasser le Mondego, perdit

4ooo hommes pour atteindre son but. Nous suivîmes l'ennemi qui fuyait vers Lisbonne, et le joignîmes à Villa-Franca. Masséna désirait l'en chasser encore ; mais, instruit par la journée de Busaco des sacrifices qu'il lui faudrait faire, il préféra le mettre en état de blocus pour le réduire par la famine. Il s'affama lui-même. Trop dévasté, le pays cessa bientôt de pouvoir nourrir ses troupes, et, vaincu sans combattre, Masséna se reploya sur la belle position de Santarem, où Wellington n'osa venir l'attaquer.

D. Que se passait-il en Espagne ?

R. Gérard faisait 8oo prisonniers près de Villagaria ; Soult chassait les guérillas de l'Andalousie ; et Suchet entrait victorieux dans la place de Tortose. Ces derniers événemens terminèrent la campagne de 181o. Mais alors la malheureuse Espagne n'était plus qu'une effroyable terre dont l'entière population s'acharnait à massacrer tout ce qui portait le nom de français. En songeant aux atrocités que commirent les Espagnols de tout sexe et de tout âge, on mourrait de la douleur d'être homme si l'on ne s'en trouvait consolé par l'honneur de n'avoir été que victime. Un officier français, parlant espagnol et vêtu d'habits bourgeois, se trouvait, sans être connu, dans une famille des environs de Cadix. La conversation roula sur les Français. *Si j'en tenais un*, dit une jeune fille, en lui posant un couteau sur la poitrine, *je mettrais toute ma joie à lui plonger cet acier dans le cœur.*

D. A quel point en était donc la conquête de l'Espagne ?

R. Cette conquête était moins avancée qu'au commencement de la guerre : c'était le rocher de Sisyphe qui, porté par d'incroyables efforts jusqu'au sommet du mont, retombait, et à peine reporté, retombait encore.

D. Comment Masséna se tira-t-il du poste de Santarem ?

R. Par une diversion que Soult fit dans le courant de janvier contre les villes d'Elvas et de Badajos, pour obliger Wellington à se défaire d'une partie de ses troupes. Ayant éprouvé pendant cinq mois tous les maux qu'accumulait sur son camp la plus cruelle misère, il résolut d'évacuer le Portugal, et se retira, toujours en combattant, jusque sur l'Agueda. Comme l'Estramadure venait d'être conquise, Wellington quitta Masséna pour aller en chasser le maréchal Soult. Il nous reprit la place d'Olivenza ; et, voyant que le commandant

Philippon rendait nuls tous ses efforts contre Badajoz, prit le parti de retourner en Portugal.

D. Comment Wellington opéra-t-il sa rentrée en Portugal?

R. Comme il avait opéré sa sortie, c'est-à-dire, en se battant. Soult atteignit, près d'Albuera, le général Beresford, et l'attaquant dans la proportion d'un contre deux, lui tua 12,000 hommes le 15 mai. Comme, malgré cette perte, l'ennemi restait encore assez fort pour espérer triompher de ses vainqueurs, Masséna fondit sur Wellington, et le combattit pendant deux jours de la manière la plus acharnée.

D. En quel lieu?

R. Près d'Alméida. Cette place étant complétement investie, et les Français ne pouvant espérer de la soustraire aux Anglais, Masséna décida que son commandant, le général Brenier, détruirait les fortifications, et se ferait jour à travers les lignes de l'ennemi pour venir rejoindre l'armée. Mais la grande affaire était de lui en faire parvenir l'ordre. Un soldat dévoué se présenta, fut accepté et partit. Ce brave affronta tous les genres de périls, et arriva tout sanglant à sa destination.

Les Anglais en eurent tant de dépit, qu'un de leurs généraux se brûla la cervelle. Ils avaient d'autant plus raison que Brenier venait de les culbuter pour rejoindre Masséna.

D. N'est-ce pas vers ces temps que Masséna revint en France?

R. Des causes de santé obligèrent de le remplacer par le maréchal Marmont.

D. Que se passait-il en Andalousie?

R. Cette province venait de retomber au pouvoir des alliés. Pour la reconquérir, les armées du Midi et du Portugal s'y portèrent précipitamment. Elles rencontrèrent aux environs de Séville l'ennemi qui les attendait. Arriver, combattre et vaincre, ne furent pour elles qu'une même chose. De 20,000 qu'ils étaient les Espagnols se virent réduits à 4000 : encore ces misérables lambeaux n'échappèrent-ils à la mort qu'en fuyant vers Murcie et Carthagène.

D. Que faisait pendant ce temps le maréchal Suchet?

R. Il assiégeait et prenait à la fois 18,000 ennemis rassemblés dans les murs de Tarragone; recevait pour ce beau fait d'armes le bâton de maréchal d'empire, écrasait ensuite un corps nombreux sur les hauteurs de Puck, et terminait la campagne par l'occupation des villes d'Alcira, de Sagonte, de Gaudia, de Denia, de Vabure et de Saint-Philippe. La reddition de cette dernière ville coûta aux Espagnols, 20,000 hommes et la personne du général Black.

D. Quelle était, en 1812, la situation de l'armée d'Espagne?

R. Déplorable. Emporté par des vues politiques, que je détaillerai en leur lieu, l'empereur venait de l'affaiblir pour augmenter les forces qu'il destinait à marcher contre la Russie. Alors on vit les Anglais s'emparer des places de Ciudad-Rodrigo que nous avions reconquise, de Badajoz qui ne s'était jamais rendue, et de beaucoup d'autres qui se seraient encore défendues long-temps si elles avaient vu qu'il fût un jour possible de les délivrer.

D. Que fit Marmont dans cette grande conjecture?

R. Il repassa la Duero pour attaquer l'ennemi sous les murs de Salamanque. Tous ses efforts furent inutiles : 5000 hommes perdus sans fruit, l'obligèrent à se reployer sur Burgos, et à abandonner aux Anglais, Madrid, Valladolid, et toute l'Andalousie.

D. Wellington poursuivit-il le cours de ses avantages ?

R. Il s'attachait aux pas de Marmont, lorsque Soult, arrivant au secours de son collègue, obligea le général anglais à se retirer lui-même sur Fuento-Quinaldo. Ce mouvement fut le dernier de la campagne, et l'on peut dire que la campagne finit par un coup de foudre : bloqué dans un fort qui domine Burgos, le commandant Dubreton fit jouer ses mines, et des milliers d'Anglais furent engloutis.

D. A quelle époque s'ouvrit la campagne de 1813 ?

R. Au commencement de juin.

D. Quelle était la position des Français relativement à leurs adversaires ?

R. Comme, indépendamment de l'immense supériorité de leur nombre, ceux-ci avaient pour eux la masse entière de la population, on peut dire sans hyperbole, que les Français luttaient dans la proportion d'un contre dix.

D. Que fit le maréchal Soult contre tant d'ennemis ?

R. Ce n'était déjà plus lui qui commandait. Napoléon venait de l'appeler en Saxe, et il était remplacé par le maréchal Jourdan.

D. Dans ce cas que fit Jourdan ?

R. Il détruisit les fortifications de Burgos, et se retira, sans cesser de combattre, jusque sur les bords de l'Ebre.

D. Wellington l'y suivit-il ?

R. Oui, et une bataille terrible, près de Vittoria, signala la rencontre des deux armées.

D. Qu'en résulta-t-il pour les Français ?

R. La plus effroyable déroute. Voyant que son armée pliait, Jourdan voulut du moins sauver son matériel, et ordonna que son grand parc de réserve fût à l'instant dirigé sur Pampelune. Mais par une de ces fatalités qui déjouent toutes les combinaisons de la prudence, un charriot qui se trouva renversé sur la route, barra le passage et coupa la retraite. En un instant, soldat, chevaux, femmes, canons, enfans, bagages, tout se trouva pêle-mêle, et l'ennemi survenant tout-à-coup au milieu de cette foule éperdue, rendit plus épouvantable encore l'affreux désordre qui s'en était emparé. Nous y laissâmes 6000 hommes et 200 pièces de canon.

D. Le roi Joseph suivait l'armée ; que fit-il en voyant cette déroute ?

R. Ne prenant conseil que de lui-même, il quitta l'Espagne et revint en France. Les généraux Foy et Clausel, qui n'avaient aucunement participé à l'action, prirent également une résolution conforme à leur position respective : tandis que Clausel ramenait ses troupes en France, Foy courait délivrer la place de Tolosa d'une occupation vivement tentée par l'ennemi.

D. Que pensa Napoléon en apprenant le désastre de Vittoria ?

R. Il sentit la faute qu'il avait faite en substituant au maréchal Soult un général trop peu connu des vainqueurs du Tage, et chargea ce maréchal d'aller réparer les malheurs survenus depuis son départ.

D. Que fit Soult en arrivant aux frontières d'Espagne ?

R. Il réorganisa l'armée, et délivra Pampelune que les alliés avaient déjà investi.

D. Chassés de Pampelune, que firent les alliés ?

R. Ils s'en vengèrent sur Saint-Sébastien. Cette place, que commandait le général Rey, se défendit jusqu'à la dernière extrémité ; mais comme un corps considérable paralysait les efforts que le maréchal Soult faisait pour la délivrer, elle fut prise d'assaut par les troupes de sir Graham.

(207)

D. Le vainqueur usa-t-il du droit de la guerre?

R. N'osant assouvir sa rage sur la garnison, il la tourna tout entière contre les habitans. C'était une chose digne de remarque : placés au milieu de leurs soldats, devenus assassins, les généraux anglais désignaient avec une horrible tranquillité les femmes, les vieillards, les enfans, qu'il fallait égorger de préférence. Il faut leur pardonner cet excès de barbarie : battus jusqu'alors, ils ne savaient point encore la conduite qu'il est si beau de tenir quand on est victorieux.

D. Que faisait en Arragon le maréchal Suchet ?

R. Il délivrait la place de Tarragone, et subissait ensuite la loi commune, qui était de se retirer sur la France.

D. De son côté que faisait Wellington?

R. Il rejetait Soult jusque sous les murs de Baïonne ; et, comme par l'effet d'une représaille, se voyait rejeté lui-même avec une perte de 4000 hommes sur la route de Saint-Jean-Pied-de-Port.

D. Qu'en advint-il?

R. Qu'on se battit de nouveau, et que de nouveau les Français furent battus. C'était en

janvier 1814. Comme la rigueur du froid em-
pêchait de tenir la campagne, Soult vint se
renfermer dans le camp retranché de Baïonne.

D. A quoi l'ennemi consacra-t-il le temps
de son repos?

R. A faire venir des renforts. La nécessité
de garantir, sur le Rhin, l'intégrité du territoire, empêcha Soult d'en faire autant.

D. Comment s'ouvrit la nouvelle campagne?

R. Par un échec qui nous coûta 5000
hommes près d'Orthez, et qui fit pressentir
le dénouement du grand drame qui tenait
l'Europe attentive.

D. Cet échec ne fut-il pas vengé?

R. Il le fut immédiatement près d'Agen ;
mais l'invasion de la France n'était plus l'objet
d'aucun doute, et nous ne nous battions plus
que pour montrer au monde ce qu'est un soldat d'Austerlitz à son dernier soupir.

D. Quelle était dans cette occasion la politique anglaise?

R. De corrompre les magistrats pour s'emparer de nos villes sans effusion de sang :
M. Lynch, maire de Bordeaux, parut à Wellington mériter une démarche, et Bordeaux
fut à l'instant au pouvoir de l'étranger.

D. M. Lynch céda par attachement pour

les Bourbons, dont son cœur généreux dési‑
rait le retour; mais que faut-il penser de la
manière dont il tint ses sermens envers le
gouvernement impérial?

R. « Le temps présent est l'arche du Seigneur :
Qui la touchait d'une main trop hardie,
Puni du Ciel, tombait en léthargie. »

D. Revenons au maréchal Soult. Etait-il
encore près d'Agen?

R. Voyant que, toujours séparé de Suchet,
il devait soutenir avec 20,000 hommes, le
choc de 80,000, il jugea convenable d'avoir
pour lui les accidens du terrain, et il vint
prendre position en avant des remparts de
Toulouse. Wellington l'y suivit, et le 10 avril,
le feu s'étendit avec une telle fureur qu'à la
fin du jour 18,000 Anglais avaient servi d'hé‑
catombe aux mânes des guerriers français
dont l'Espagne fut le tombeau. Soult atten‑
dait impatiemment l'arrivée de Suchet, qui
était encore à vingt lieues de lui. Leur jonc‑
tion aurait infailliblement amené la perte des
compagnons de Wellington, si une dépêche,
annonçant la conclusion de la paix, n'avait
arrêté leurs bras prêts à frapper de nouveaux
coups.

D. Quelle opinion avez-vous de la guerre d'Espagne ?

R. Je la crois impie pour deux raisons. La première, est que nous fûmes agresseurs, la seconde, que nous fûmes vaincus. Il n'en est pas d'un gouvernement comme d'un particulier : le seul tort que peut avoir un gouvernement est de perdre sa prépondérance, et il les a tous dès qu'il a celui-là : c'est le lion devenu vieux ; il n'est pas jusqu'à l'âne qui ne se fasse un devoir de lui donner un coup de pied.

GUERRE DE RUSSIE.

D. Bien des gens mettent la guerre de Russie sur la même ligne que celle d'Espagne ; que faut-il en conclure ?

R. Qu'il existe en France beaucoup de gens parlant de tout sans rien connaître.

D. A quoi attribuez-vous donc la guerre de 1812 ?

R. Au seul orgueil blessé : humilié de s'être vu réduit à embrasser son vainqueur pour subir d'épouvantables conditions, Alexandre saisit, pour faire éclater ses ressentimens, le moment où l'Espagne nous accablait.

D. Quels prétextes allégua-t-il?

R. La crainte de voir rétablir l'indépendance de la Pologne, la réunion du duché d'Oldenbourg à la France, l'occupation de la Prusse par nos armées, et la ruine absolue du commerce par suite du système continental que lui-même avait adopté.

D. Ne pouvait-on pas lui répondre?

R. Comme il voulait la guerre, il n'en donna pas le temps. Sa note n'était pas encore au cabinet des Tuileries, qu'il avait déjà forcé l'armée de Varsovie à se replier derrière la Vistule, et rompu le système continental en ouvrant aux Anglais tous les ports de la Russie.

D. Comment y répondit le fier Napoléon?

R. Soit désir véritable de conserver la paix, soit crainte d'avoir à partager ses forces, il proposa d'éclaircir tous les points litigieux, promit de ne jamais rétablir l'indépendance polonaise, offrit des indemnités pour le duché d'Oldenbourg, et consentit à modifier pour la Russie, les rigueurs souvent importunes du système continental.

D. C'était mettre le czar au pied du mur; comment s'en tira-t-il?

R. Par des négociations sourdes, au moyen desquelles il s'attacha l'Angleterre et la Suède. Dominées par la terreur, l'Autriche et la Prusse restèrent avec nous. Napoléon fit d'immenses levées, 500,000 guerriers s'élancèrent à sa voix de tous les points de l'Europe aux bords du Niémen; et voyant l'armée russe déployée sur l'autre rive, il conçut l'audacieuse idée de l'envelopper tout entière pour s'emparer d'Alexandre.

D. Alexandre se laissa-t-il cerner?

R. Ce prince qui voulait, dit-on, disputer le passage du fleuve, n'attendit pas les Français, et se retira sans combattre sur la Dwina et le Dniéper.

D. Plusieurs historiens présentent cette retraite précipitée comme l'effet d'un plan de campagne imaginé par le général Barclay de Tolly; que faut-il en penser?

R. Que plusieurs historiens se sont trompés. Convaincus de l'immense supériorité stratégique de leur adversaire, les Russes attendaient au hasard l'exécution des plans français. Si l'intention des Russes avait été réellement de nous laisser engager dans les

(213)

déserts de leur empire, ils ne se seraient sûre-
ment pas donné la peine de venir au-devant
de nous.

D. Quelle est donc la source de cette
erreur ?

R. Un écrivain qui semble avoir pris à
tâche de dénigrer sa patrie, M. Eugène Labaume.

« ...... Puisqu'il faut l'appeler par son nom. »

Trompé par lui, j'ai moi-même répété la
chose dans les *Trophées des armées françaises;* mais complétement désabusé, je me
fais un devoir de la désavouer aujourd'hui.

D. Détaillez-moi les premières opérations
de la campagne.

R. L'armée passa le Niémen dans les journées des 24 et 25 juin, poursuivit sa route,
et entra le 28 dans l'ancienne capitale de la
Lithuanie. C'est dans Wilna qu'une députation de la diète de Varsovie vint demander à
l'empereur de proclamer l'indépendance de
la Pologne.

D. Pourquoi ne le fit-il pas ?

R. M. Labaume trouve tout naturel d'en
attribuer la cause à *cette défiance qui est le
caractère distinctif des tyrans;* mais les hom-

mes qu'aucune passion ne domine la voient dans la promesse faite par Napoléon de maintenir l'intégrité de territoire de l'Autriche et de la Prusse : promesse qu'il aurait ouvertement violée en retirant à chacune de ces puissances la portion de territoire qui lui était échue lors du démembrement de la Pologne.

D. Où et quand commencèrent les hostilités?

R. Le 28 juin, à Devoltovo. Le maréchal Oudinot força le général Wittgenstein à repasser la Dwina, pour se renfermer dans un camp retranché préparé sous Drissa. Les Russes furent pressés avec tant d'ardeur qu'ils n'eurent pas même le temps d'en faire sauter le pont.

D. Que fit ensuite Wittgenstein?

R. Ignorant le but des Français, il se jeta sur la route de Saint-Pétersbourg pour couvrir au moins la capitale de l'empire. Oudinot l'y suivit, et une campagne distincte s'ouvrit entre eux.

D. Cette séparation dut affaiblir le corps principal des Russes?

R. Oui, mais Alexandre espérait voir incessamment arriver l'armée du prince Bagration. Pressé par trois corps français qui l'attaquaient vers Minsk, en front, en queue et en flanc, Bagration se voyait sur le point d'être pris, lorsqu'il se vit sauvé par l'hésitation du roi Jérôme Bonaparte.

D. Où se trouva-t-il rejeté?

R. Sur le Dniéper. Sa retraite détermina celle des troupes du camp de Drissa, qui s'efforcèrent de se joindre à lui pour agir concurremment.

D. Que pensait Alexandre de nos succès rapides?

R. Rien de bon pour ses états. C'est alors qu'il fit un appel *à la grande nation pour renverser le tyran qui voulait renverser toute la terre?* Il se rendit même dans les murs de Moscou afin d'activer par sa présence l'exécution des mesures offensives.

D. Qui prit, en son absence, le suprême commandement?

R. Barclay de Tolly. Se retirant dans la direction de Dunabourg, il fit mine de vouloir nous arrêter sur la Disna; mais bientôt il changea de plan pour continuer sa retraite; et l'armée, qui commençait à manquer de tout, se ravitailla dans les magasins de l'ennemi.

D. Où était Napoléon?

R. Toujours à Wilna. Il en partit, le 10 juillet, pour Gloubokoe. Là, il trouva répandue une lettre par laquelle les Russes excitaient les Français à la désertion. « Retournez chez vous, disaient-ils ; ou si vous voulez en attendant un asile en Russie, vous y oublierez les mots de conscription, de ban, d'arrière-ban, et toute cette tyrannie militaire qui ne vous laisse pas un instant sortir de dessous le joug. »

D. Que faisait l'armée ?

R. Son avant-garde, que le roi Murat commandait en personne, culbutait dans les champs d'Ostrowno, le corps ennemi du général Ostermann. Incertaine du nombre d'hommes qui se trouvait devant elle, cette avant-garde attendait des ordres ultérieurs, lorsque Napoléon leva tous les doutes en ordonnant d'avancer. Il avait deviné que la résistance d'Ostermann n'avait pour principal objet que de couvrir la retraite générale des Russes.

D. Quel fut le résultat de son ordre ?

R. Un succès complet sur tous les points. Ce fut dans la nuit qui suivit cet engagement que nous perdîmes, par une méprise de factionnaire, l'intrépide général Roussel, occupé de visiter les avant-postes.

D. Qu'aurait-il vu le lendemain si la mort n'avait terminé sa vie?

R. L'armée russe en pleine déroute, et particulièrement l'arrière-garde. Forcé dans toutes ses positions, le comte Pahlen, qui venait de succéder au général d'Hermann, fuyait écrasé par la cavalerie du roi de Naples.

D. Ce combat n'offrit-il rien de remarquable?

R. 200 voltigeurs du 9ᵉ régiment d'infanterie légère soutinrent, sans se désunir, le choc réitéré des cosaques de la garde impériale russe. Ils combattaient sous les yeux même de l'empereur et de l'armée. *Allez leur dire qu'ils sont de braves gens*, dit Napoléon à un officier qui se trouvait près de lui. Parmi eux se trouvait le vaillant capitaine Guyard, dont j'ai parlé au siége de Gaëte : ses compagnons étaient presque tous enfans de Paris.

D. Quel fut pour nous le résultat du dernier engagement?

R. L'occupation de Witepsk après un violent combat.

D. Que devenaient Bagration et Barclay de Tolly?

R. Le premier mandait au second que, trop vivement pressé par le maréchal Davoust, il ne pourrait se rejoindre au gros de l'armée que dans les murs de Smolensk ; et trop accablé lui-même pour pouvoir résister, le second se rendait dans ces murs avec la dernière précipitation.

D. Nous avons laissé sur la route de Saint-Pétersbourg, Oudinot et Wittgenstein. Que se passait-il entre eux ?

R. Une série de combats qui coûtèrent plus de 20,000 hommes à l'ennemi ; mais dans laquelle le général russe parvint toujours à conserver ses communications.

D. Que fit Napoléon en arrivant sous les murs de Smolensk ?

R. Présumant que cette ville lui serait vivement disputée, il fit reposer l'armée et se mit à reconnaître les différentes positions de l'ennemi.

D. Qu'apprit-il ?

R. Que 30,000 Russes étaient renfermés dans les remparts, tandis que le reste de l'armée campait dans de nombreux ouvrages élevés sur la rive droite du Borysthène.

D. Après cette reconnaissance quelles dispositions fit l'empereur ?

R. Voyant que l'ennemi ne s'était mis en défense que sur la rive droite, il fit passer l'armée sur la rive gauche, et chargea le prince Poniatowski de détruire les ponts, pour interdire au gros des Russes tout mouvement offensif, et n'avoir affaire qu'aux 30,000 hommes de la garnison.

D. Quel succès eut cette manœuvre?

R. Le plus victorieux. Forcés dans toutes leurs positions extérieures, les Russes, dont nous avions fait un effroyable carnage, furent, dans l'après-midi, rejetés pêle-mêle jusque dans la ville. Dès qu'il fut nuit, on vit s'élever dans les airs des tourbillons de flamme et de fumée. C'en fut assez pour décéler la politique incendiaire des Russes. Vers deux heures du matin, nos bataillons se disposèrent à brusquer l'assaut; mais, par une entière évacuation, l'ennemi avait rendu cet effort inutile. Alors nous entrâmes dans Smolensk. Celui qui se figurerait toute une ville écroulée par le feu sur des monceaux de cadavres palpitans, n'aurait encore qu'une faible idée de l'effroyable tableau qui dans ce moment s'offrait à tous les yeux.

D. Que se passait-il sur la Dwina?

R. Renforcé de 12 bataillons de la division de Dunabourg, Wittgenstein avait repris l'offensive; mais le sort des combats ne l'accablait pas moins de ses rigueurs. Il avait déjà perdu 12,000 hommes et 200 pièces de canon, lorsqu'une blessure grave obligea de remplacer le maréchal Oudinot par le général Gouvion-Saint-Cyr. Quoique ce dernier eut à lutter dans la proportion d'un contre trois, il défit l'ennemi en avant de Polotsk, et obtint par ses habiles dispositions le bâton de maréchal.

D. Revenons à la grande armée.

R. Maîtresse de Smolensk, elle s'attachait aux pas des Russes, lorsque le général Barclay de Tolly forma le projet de nous disputer le plateau de Valontina, qu'une vieille tradition avait décoré du titre pompeux de *Champ sacré*. Il y fut écrasé comme partout. Napoléon parut vers trois heures du matin sur le champ de bataille. Son intention, bien prononcée, était de clore la campagne par cet engagement : mais à la vue des prodiges de la journée, *Poursuivons nos succès*, dit-il ; *avec de pareilles troupes on doit aller au bout du monde.*

D. Chassée de Valontina, où s'arrêta l'armée russe ?

R. Au village de Borodino, situé à vingt lieues de Moscou, sur les bords de la Moscowa. Barclay de Tolly en avait cédé le commandement au général Kutusow, qui venait de se faire contre les Turcs une réputation colossale. Ce dernier était tellement sûr de ses préparatifs, qu'il écrivit à l'empereur Alexandre : « La position que j'ai prise est la plus favorable que puisse offrir un pays de plaine, et si je forme un vœu c'est que les Français viennent m'y attaquer. »

D. Quelle était la force de l'armée russe ?

R. 130,000 hommes, protégés par un excellent terrain et des ouvrages de toute espèce.

D. Que fit Napoléon ?

R. Il disposa ses bataillons pour l'attaque ; recommanda à chacun « de se conduire comme à Austerlitz, à Friedland, à Witepsk, à Smolensk ; » donna l'ordre et le signal du combat. Un soleil radieux perçant en ce moment les nuages qui obscurcissaient l'atmosphère, l'empereur s'écria : *C'est le soleil d'Austerlitz !*

D. Cette journée fut-elle pour nous également heureuse ?

R. Si la mort moissonna quantité de nos braves, elle fit dans les rangs ennemis des ravages plus cruels encore : 30,000 morts, 5000 prisonniers, 30 généraux tués, blessés, ou pris, ne sont qu'une partie des pertes matérielles dont les Russes font aujourd'hui l'aveu. C'était le 7 septembre. Pour donner une idée du carnage qui s'y fit, il suffira de rapporter un fait. Le colonel du 61ᵉ régiment de ligne se trouvait en bataille devant une redoute qu'il avait long-temps défendue : *Qu'avez-vous fait d'un de vos bataillons?* lui dit l'empereur. *Sire, il est dans la redoute.* Il y était en effet, mais gissant sur la poussière.

D. Lequel de nos généraux mérita le plus d'admiration?

R. Une pareille question n'est pas facile à résoudre. Celui qui sut le mieux fixer les regards de l'armée est le prince Eugène Beauharnais. «*Conservez*, criait-il à ses soldats, *conservez cette bravoure qui vous a valu le titre d'invincibles, et souvenez-vous que j'étais à votre tête lorsqu'à Wagram nous enlevâmes le centre de l'ennemi.*»

D. De quelle manière reçut-on à Saint-Pétersbourg la nouvelle du désastre de Borodino?

R. Avec de grandes démonstrations de joie. Voulant sauver sa réputation militaire du coup mortel qui venait de lui être porté, Kutusow avait écrit au czar, son maître, qu'il avait mis l'armée française en déroute, détruit la garde impériale, pris 100 pièces de canon, et fait 16,000 prisonniers, parmi lesquels se trou-

vaient le vice-roi d'Italie, le duc d'Elchingen
et le prince d'Eckmühl.

D. Ne craignait-il donc pas d'être dé-
menti?

R. Il le craignait si peu qu'il fit le même
rapport au général Wittgenstein et au gouverneur de Moscow. C'est à cette triple pas-
quinade qu'il doit cette réflexion d'un officier
combattant sous lui : « Que le général Kutusow ait eu l'impudence de mentir à son souverain pour arracher le bâton de maréchal et
des pensions, il n'y a là que de l'effronterie ;
mais qu'il ait menti en écrivant à deux généraux en chef, qu'il lui était si important d'é-
clairer pour guider ses opérations futures, cette
bêtise marque la place qu'il doit occuper parmi
les généraux. »

D. Battu à Borodino, que devint l'armée
russe ?

R. Elle se reploya tout entière sous les
murs de Moscou ; et là, Kutuzow assembla
son conseil pour délibérer sur cette question :
« Livrera-t-on une seconde bataille, ou se bor-
nera-t-on à incendier la capitale des czars ? »
Mais depuis long-temps la chose était secrètement arrêtée, et le conseil n'était convoqué
que pour la forme.

D. Que faisait l'armée française ?

R. Elle quittait son dernier champ de vic~
toire pour s'attacher aux pas de l'ennemi.
Kutusow ayant traversé Moscou dans la journée du 14, n'y avait plus que son arrière-
garde ; et celle-ci se trouvait prise en queue
et en flanc par le roi Murat et le prince Eugène, lorsque le général qui la commandait
demanda pour s'échapper une suspension d'armes, menaçant, en cas de refus, de couvrir
sa retraite par l'incendie de Moscou.

D. Que répondit Napoléon ?

R. Espérant sauver Moscou, il souscrivit à
tout ce qu'on lui demandait ; mais, pendant
qu'on était en pourparlers, le gouverneur Rastopchin rassemblait tous les malfaiteurs, mettait entre leurs mains des torches enflammées,
et les chargeait d'expier leurs forfaits par la
destruction de leur patrie.

D. Moscou fut-il défendu ?

R. Oui et non. Non, si l'on considère que
le roi Murat pénétra jusqu'au Kremlin sans
rencontrer d'obstacles ; oui, si l'on regarde
comme défense, les efforts d'une multitude
d'habitans que le gouverneur avait chargé de
tenir l'armée française sous le feu dévorant
de la ville embrasée. Cette multitude fut in-

puissante contre l'ardeur de nos braves ; et, dès le 15 au matin, Moscou fut occupé par l'empereur en personne.

D. Que produisit l'arrivée de Napoléon ?

R. Un océan de flammes. Son entrée fut pour les agens de Rastopchin le signal de l'incendie. On essaya vainement d'arrêter les progrès du feu. Comme l'ennemi avait emmené toutes les pompes, il s'étendit avec une telle rapidité que l'empereur fut obligé de quitter le palais qu'il occupait au Kremlin pour se porter à celui de Pétrowski, situé à 2 lieues des remparts. Que l'on juge de l'horreur du tableau par ces paroles d'un officier français : *Dans la nuit du 16 au 17, j'étais à 3 lieues de Moscou, écrivant mon rapport à la lueur de l'incendie.*

D. Pendant ce temps que faisait l'armée russe ?

R. Elle tournait autour des remparts pour se porter sur la route de Kalouga. L'angle aigu qu'elle décrivait l'exposait, il est vrai, à tous les revers que peut enfanter une marche de flanc ; mais d'un autre côté les soldats qu'on avait trompés, s'excitaient à l'indignation contre nous par l'épouvantable aspect de leur capitale en feu. *La vengeance,* disaient-ils, *doit être notre seul guide dans cette guerre sacrée.*

D. Que resta-t-il de Moscou?

R. Environ 1200 maisons, de 10,000 que l'on comptait avant l'incendie.

D. Que fit Napoléon lorsqu'il se vit maître de la capitale des czars?

R. Il chargea le général Lauriston d'aller renouveler, à l'empereur Alexandre, les propositions de paix; mais Kutusow, qui avait un intérêt particulier à ce que son maître ne fût jamais désabusé sur la journée de Borodino, retint à son camp l'envoyé de Napoléon, sans jamais consentir à lui donner les passeports dont il avait besoin pour arriver jusqu'à la personne du czar.

D. Quel fut l'effet du retard occasionné par cette violation?

R. De réduire l'armée française aux horreurs de la plus cruelle nécessité. Néanmoins, comme les hostilités étaient suspendues, nous espérions toujours voir se conclure incessamment la paix, lorsqu'une dépêche vint apprendre à l'empereur, que Kutusow avait perfidement rompu l'armistice en attaquant toutà-coup dans Tarontina les avant-postes du roi de Naples.

D. A cette nouvelle, que fit l'empereur ?

R. Il rassembla l'armée, donna l'ordre du départ, fit sauter le Kremlin, et courut à l'ennemi. Jamais on n'a vu de spectacle plus imposant que celui de l'armée française sortant, après 35 jours d'occupation, des ruines fumantes de la superbe Moscou.

D. Quels mouvemens opérait l'armée russe ?

R. Tandis qu'elle se disposait à harceler lamarche des Français, un de ses corps les plus considérables, celui du général Doktorow, se dirigeait sur Malo-Jaroslavetz. Aussitôt Napoléon chargea le vice-roi d'Italie de s'y porter rapidement avec trois divisions. Croyant sans doute que Napoléon s'y rendait lui-même, Kutusow envoya, pour protéger son lieutenant, la plus forte partie de l'armée russe.

D. Quelle était la force de l'ennemi ?

R. 100,000 contre 16,000, ou si l'on veut plus de six contre un.

D. Comment le vice-roi s'en tira-t-il ?

R. Avec tant de courage, de prudence et d'habileté, qu'à la fin du jour 10,000 hommes et trois généraux manquaient dans les rangs de l'ennemi. L'empereur en fut si satisfait, qu'il dit solennellement au prince : *Eugène,*

L'honneur de cette belle journée vous apparr-
tient tout entier.

D. Dans le compte qu'il rendit de cette bataille, Kutusow se permit-il encore de mentir?

R. Moins impertinemment que le 7 septembre : il avoua que ses tirailleurs avaient été
battus.

D. Que fit l'armée française après cette
victoire?

R. Elle se rassembla sur la route de Mo-
jaïsk à Smolensk, et, toujours harcelée, reprit
le chemin de la France.

D. N'essuya-t-elle dans les premiers jours
aucun engagement sérieux?

R. Viasma, que les Russes se ménageaient
comme un champ de victoire, ne fut pour
eux que le théâtre d'une nouvelle défaite. Ils
espéraient nous y couper les 1er, 4e et 5e corps;
lorsque le maréchal Ney les fit repentir de
leur présomption.

D. On a long-temps parlé des calamités
que nos légions éprouvèrent dans leur retraite.

R. L'histoire n'en a jamais décrit de semblables. Un froid, supérieur même à tout ce
qu'avaient vu jusqu'alors les hommes les plus
vieux de la Russie, s'empara tout-à-coup de
l'armée française et la réduisit au plus ef-

froyable état. Les hommes périssaient et surtout les chevaux : 5o,ooo de ces derniers
furent abandonnés en 4 jours. Les chemins
n'étaient couverts que de cadavres, et l'armée semblait marcher sur elle-même.

D. Comment les Russes supportaient-ils
l'intempérie?

R. Beaucoup mieux que nos soldats parce
qu'elle leur était plus familière. Ils avaient
surtout l'extrême avantage de se renforcer à
mesure que nous périssions. Une armée, que
le czar avait jusqu'alors tenue en Moldavie,
venait de se réunir à la réserve de Kutusow,
et cherchait à nous gagner de vitesse pour
nous couper la retraite sur la Bérésina, en se
joignant au corps de Wittgenstein.

D. Quel parti prit Napoléon dans cette conjoncture?

R. Il sentit la nécessité de précipiter sa
marche, et redoubla d'ardeur. Kutusow, qui
longeait notre flanc gauche, voulut soustraire
à l'armée de Moldavie la gloire de nous arrêter, et nous accabla, près de Krasnoë, du choc
de ses différens corps. Ce fut vainement; ses
corps furent enfoncés partout, et nous conti-
nuâmes notre retraite.

D. Aucun de nos guerriers ne mérita-t-il,

dans ces engagemens, de distinction particulière ?

R. Comme la 14ᵉ division profitait des té-
nèbres pour rejoindre le 4ᵉ corps dont elle
était séparée, elle se trouva tout-à-coup arrêtée par un *qui vive* en langue russe. Tout périssait sans la présence d'esprit du colonel
Kiski. S'élançant aussitôt sur le factionnaire :
Malheureux, lui dit-il, *ne vois-tu pas que nous
sortons du camp de Kutusow, et que nous marchons en expédition secrète :* la division passa.

D. Kutusow s'en tint-il à cette première
tentative ?

R. Voyant qu'il ne pouvait rien sur le gros
de l'armée, il s'essaya contre l'arrière-garde.
Réduite à 6000 hommes, mais commandée
par le maréchal Ney, celle-ci passa sur le
ventre aux 42,000 Russes qu'on envoyait contre
elle.

D. Est-ce là tout ce qui arriva d'intéressant
jusqu'à la Bérésina ?

R. Je ne dois pas oublier le plus beau trait
de dévouement qui soit dans les fastes des nations. Les débris de la garde étaient réduits
à protéger les débris des corps, et il ne restait
plus d'escorte à l'empereur. A l'instant tous
ceux des officiers qui ont encore des chevaux

quittent leurs commandemens respectifs et descendent volontairement aux fonctions de simples soldats. Organisés en 4 compagnies, ces héros forment un corps de 600 hommes au milieu duquel Napoléon marche avec confiance. Il prit le titre d'*Escadron sacré*. Les généraux y étaient capitaines, et les colonels sous-officiers.

D. De quel œil Napoléon voyait-il son désastre?

R. En homme qui veut montrer au monde comment un souverain doit supporter le malheur.

D. Quel esprit animait l'armée en approchant de la Bérésina?

R. Celui de couronner par un beau trépas ses travaux immortels.

D. Quels moyens prenait-on pour la mettre en état de combattre?

R. A mesure que les débris arrivaient près de la rivière, des officiers généraux réorganisaient les corps et leur donnaient cette consistance dont dépendait la sûreté commune. Au bout de quelques heures, 80,000 hommes en bataille présentèrent leur front à l'ennemi.

D. Où était l'empereur?

R. Sur une hauteur où Charles XII s'était

reposé, le 25 juin 1708, pour courir à la même infortune.

D. Qu'ordonna-t-il?

R. Ayant reconnu les positions que l'ennemi occupait sur l'autre rive et fait jeter des ponts près des villages de Borisow et de Weselovo, il chargea le maréchal Victor de quitter la rive gauche où il combattait, pour se porter sur les hauteurs de ce dernier endroit afin de protéger la retraite des différentes divisions.

D. Quelle opération suivit ces préparatifs?

R. Le passage de tous les corps. Comme l'armée de Moldavie ne pouvait manquer de déboucher par Brilowa, Napoléon chargea les ducs de Reggio, de Bellune et sa garde, de se porter sur ce point pour s'opposer à son mouvement. Elle parut en effet, mais nos charges multipliées détruisirent l'espoir que fondait Kutusow sur les difficultés de franchir la Bérésina.

D. Ce terrible passage ne nous obligea-t-il point à de douloureux sacrifices?

R. Attaqué sur la rive gauche par toutes les forces réunies du général Wittgenstein, le maréchal Victor dut abandonner, à la discrétion de l'ennemi, une foule innombrable de femmes, d'enfans et de soldats, que les calamités avaient détachées des différens corps. Mais quelles que soient les pertes que nous ayons essuyées, abstraction faite des *isolés* dont je parle, l'ennemi battu partout dût en déplorer de plus grandes. 15,000 des siens furent pour lui vainement immolés sur un terrain qu'il regardait d'avance comme notre tombeau.

D. N'avons-nous pas, dans la nuit qui suivit ce passage, perdu le général Partouneaux et 6000 hommes, par une méprise qui leur fit prendre les feux de l'ennemi pour ceux du camp français?

R. C'est une erreur de bulletin que M. le colonel Touquet (1) a rectifiée en 1816, dans le Moniteur du 12 avril : « Cerné par les trois armées russes qui devaient arrêter l'armée française à Borisow, le général Partouneaux fut, après un combat nocturne très-meurtrier, fait prisonnier avec sa division avant d'arriver à la Bérésina. »

D. Délivrée de la Bérésina, quelle direction prit l'armée?

R. Celle de Wilna. C'est dans ce trajet que

---

(1) C'est le même dont le patriotisme a publié tout récemment 1,500,000 exemplaires de la Charte à 5 centimes.

Napoléon résolut de partir subitement pour Paris.

D. Quelle raison l'y engageait?

R. Un complot qui mettait son trône en péril.

D. De quel œil l'armée vit-elle son départ?

R. Avec un mécontentement qu'elle ne se donna pas la peine de dissimuler.

D. Qui remplaça l'empereur?

R. Le roi de Naples. C'était à Smorghoni: alors tous les maux planaient à la fois sur le camp.

D. Quelles ressources l'armée trouva-t-elle dans Wilna?

R. Toutes celles qu'ellle pouvait désirer; mais alors tous les soldats étaient tellement affaiblis qu'ils ne purent aucunement sentir le bienfait de ces ressources. Dégradés par la faim, leurs estomacs ne trouvèrent qu'un poison dans ces mêmes alimens qui devaient les rendre à la vie; et succédant tout-à-coup au froid insupportable enduré jusqu'alors, la chaleur des foyers frappa leurs membres engourdis d'une corruption rapide.

D. Comment se conduisit, envers les soldats mourans, le peuple de Wilna?

R. Avec tout ce que l'âme d'un inquisiteur pourrait imaginer de plus lâche et de plus atroce.

D. Combien de temps l'armée séjourna-t-elle dans Wilna ?

R. Quarante-huit heures. Elle en partit le 10 décembre, se dirigeant sur Kowno. Arri- vée au pied de la montagne de Waka, elle reconnut que l'instant était arrivé de tout sa- crifier à la conservation de l'artillerie ; et, par un effort qu'elle seule était capable de faire sans abaissement, elle abandonna, indépen- damment de ses trésors et des équipages de l'empereur, cette fameuse croix de Saint-Ivan, qui, après s'être élevée parmi les édifices du Kremlin, devait, en s'élevant encore sur les su- perbes tours de Paris, attester au monde entier les travaux, les périls et la gloire des Français.

D. L'armée séjourna-t-elle à Kowno ?

R. Comme l'ennemi s'attachait à ses pas, elle connut qu'elle n'aurait de repos qu'au- delà du Niémen, et repartit dès le lendemain matin. Une scène touchante attachait tous les braves sur le pont de Kowno. Là, un grena- dier de la vieille garde attendait d'un œil tran- quille la mort qu'il avait affrontée cent fois.
« *Tes soins me sont inutiles,* disait-il à un sol-

dat qui le secourait ; *la seule grâce que je te demande, c'est d'empêcher les ennemis de profaner les marques honorables que j'acquis en combattant contre eux. Porte à mon capitaine cette décoration que je reçus à Austerlitz, et ce sabre dont je me servais à Friedland.* »

D. Notre infortune n'ébranla-t-elle pas la constance de nos alliés ?

R. Non, si l'on considère que la Prusse s'attacha constamment au char du parti le plus heureux : comme la Fortune passait avec nos ennemis, la Prusse crut sa gloire intéressée à suivre la Fortune. Quoi qu'il en soit, l'armée bravant encore la défection du général d'York, repassa le Niémen pour aller chercher, dans les différentes places de l'Allemagne, un repos qu'elle n'avait pu trouver dans le duché de Varsovie.

D. Comment regardez-vous la guerre que vous venez de décrire ?

R. Comme la plus funeste puisqu'elle fut la source de nos maux ; mais comme la plus glorieuse, puisqu'il fallut pour nous vaincre l'intervention de tous les élémens.

CAMPAGNE DE 1813.

D. Que faisait l'empereur?

R. Il s'occupait, à Paris, de la formation d'une nouvelle armée.

D. Dans quelles dispositions était la France relativement à ses vues?

R. Dans les plus belles que puisse désirer un prince malheureux. Placée sur les bords de l'abîme, la France voulait ou vaincre ou tomber.

D. Que faisait-elle pour vaincre?

R. Tout. Napoléon parlait, et à sa voix les hommes et les trésors lui étaient portés en tribut. Un signe de sa part était le coup de pied de Pompée : il sortait des légions de la terre.

D. Que distingua-t-on parmi les levées qu'il ordonna?

R. Celle de 10,000 jeunes gens fils des premières familles. Tous quittaient une fortune ou un état, perdaient de belles espérances ou le fruit de grands sacrifices ; mais le titre de Gardes d'honneur qui leur était donné, et la promesse qu'on leur faisait de l'épaulette au bout de la campagne, leur fit regarder comme un sentier de fleurs, l'âpre et périlleux chemin de la gloire.

D. Napoléon n'avait-il pour combattre que de jeunes légions ?

R. D'autres, rappelées des bords de l'Océan, du Tibre et du Tage, se portèrent également sur le Rhin ; une nombreuse cavalerie, une artillerie formidable, parurent comme par enchantement pour remplacer les escadrons et le matériel abandonnés dans les glaces du nord : c'était en un mot l'enthousiasme de 92 renaissant en 1813, sous des traits immortels.

D. Quels étaient nos alliés ?

R. Ceux de la guerre de Russie, à l'exception du roi de Prusse que j'ai dit s'être mis contre nous.

D. Ne se rappelait-il ni de la journée de Jéna, ni toutes les autres ou Napoléon lui permit de régner encore ?

R. Il est des princes pour qui l'expérience est sans fruit. Cependant comme il était impossible de tout oublier, le roi de Prusse jeta, pour éviter un dixième naufrage, l'ancre de miséricorde : ses peuples devaient, en cas d'invasion, tout incendier comme en Russie.

D. Quelle levée faisait-il ?

R. Celle de toute la population : les femmes, les vieillards, les enfans, étaient pour propager l'incendie ; les médecins, les chirurgiens, les apothicaires, les maîtres de poste pour donner l'exemple du dévouement.

D. Quels étaient les griefs de la Prusse contre la France ?

R. Le roi Frédéric les fit connaître dans un manifeste publié dans le Moniteur du 23 mai : « Depuis long-temps, dit-il, la France avait violé dans tous les points, les traités qui l'unissaient à la Prusse. Elle l'avait, par là même, libérée de ses engagemens. Non contente de lui avoir dicté, à Tilsitt, une paix aussi dure qu'humiliante, elle ne lui a pas même permis de jouir des faibles avantages que ce traité semblait lui promettre. »

D. Quelle suite eut ce manifeste ?

R. Une note, où, établissant les éternelles fluctuations de la Prusse, le duc de Bassano répondit, au nom de l'empereur, que « S. M. préférait un ennemi déclaré à un ami toujours prêt à l'abandonner. »

D. Où était, au commencement d'avril, la nouvelle armée de l'empereur ?

R. Sur l'Elbe et sur l'Oder.

D. Quelle était sa force ?

R. 150,000 hommes. De plus grandes levées étaient ordonnées, mais il fallait les rassembler, les armer, les équiper et les instruire. Napoléon ne put donc présenter à l'ennemi que des masses égales ; mais quel prodige n'était-ce pas que cette égalité même, si l'on considère que, trois mois avant, nous n'avions plus d'armée !

D. Où recommencèrent les hostilités ?

R. A Weissenfels, sur la Saale, le 27 avril. Ney battit complétement plusieurs divisions qui s'avançaient vers lui, et soudain écrivit à l'empereur : « Votre Majesté ne doit avoir aucune inquiétude sur les nouvelles levées ; ces jeunes gens se sont battus avec une intrépidité qui permet de tout attendre d'eux. »

D. Où était l'empereur ?

R. Dans la plaine de Naumbourg avec 66,000 hommes. Il y attendait le vice-roi d'Italie, qu'un combat inégal contre le général Wittgenstein, obligeait à se reployer sur le gros de l'armée.

D. Quel était son plan ?

R. De s'emparer des ponts de Leipsick pour couper la retraite à l'ennemi. Mais celui-ci qui s'en méfiait, prit l'offensive que l'on comp-

tait prendre le lendemain, parut et s'avança
prêt à livrer bataille.

D. Que fit l'empereur?

R. Doué d'un génie admirablement flexi-
ble, il conçut de nouveaux plans à l'instant
même, disposa ses masses en bataillons carrés;
et quoique totalement dépourvu de cavalerie,
marcha sans balancer aux 218,000 ennemis
qui menaçaient de l'anéantir. C'était le 1er mai.

D. Comment s'appela cette bataille?

R. Lutzen, du nom d'une petite ville qui
se trouvait au fort du carnage, et qui aujour-
d'hui porte encore la trace des nombreux boulets dont elle fut criblée.

D. Quel en fut le résultat?

R. La fuite de l'ennemi et la mort de 30,000
des siens, parmi lesquels se trouvait le prince
Léonard de Hesse-Hombourg.

D. Ne perdîmes-nous aucun personnage
important?

R. Dès le premier instant de la bataille un
boulet de canon tua le maréchal Bessières.
J'ai vu la place où ce héros tomba; elle est
marquée par une pierre de 18 pouces de hauteur que des paysans ont plantée sur le bout
d'un sillon.

D. Quel point du champ de bataille fut particulièrement disputé?

R. Le village de Kaïa, que l'empereur avait confié au bouillant courage du maréchal Ney. Jamais on n'a vu d'acharnement semblable à celui que les deux partis y montrèrent. Quoique percé de plusieurs coups, le général Girard déclara « *Vouloir rester à la tête de sa division, puisque le moment était arrivé où tout Français qui avait du cœur devait vaincre ou périr;* » sanglant, tout brûlé de poudre, et pourtant s'obstinant à combattre, Ney.....

   . . . . .

   C'était ainsi, Biron, que tu devais mourir;
   Un trépas si fameux, une chute si belle,
   Rendaient de ta vertu la mémoire immortelle. »

D. L'empereur ne courut-il personnellement aucun danger?

R. Indépendamment d'un cheval qui périt entre ses jambes, et d'un combat nocturne où il manqua d'être pris, on le vit souvent en des positions si périlleuses, que ses plus intrépides grenadiers n'y pouvaient rester sans pâlir.

D. Qu'admire-t-on le plus dans la victoire de Lutzen?

R. L'extrême inégalité des deux partis; car

indépendamment du très-grand avantage que donnent une immense cavalerie sur un adversaire qui en est dépourvu, un plan long-temps médité sur une improvisation rapide, des troupes aguerries sur des conscrits qui savent à peine observer un alignement, les alliés avaient encore celui d'être une fois plus nombreux. Je ne saurais donc partager l'avis de ceux qui prétendent que le génie de l'empereur Napoléon n'était plus celui du général Bonaparte.

D. Sur quel point les alliés dirigèrent-ils leur déroute?

R. Sur les hauteurs de Bautzen. Comme nous n'avions pas de cavalerie nous ne pûmes marcher assez rapidement pour y arriver avec eux ; et ils profitèrent de la barrière que l'Elbe formait entre eux et nous pour se créer, par d'immenses ouvrages, un nouveau champ de bataille.

D. Que faisait l'armée française?

R. Etant par suite des succès de Lutzen en possession de la capitale de la Saxe, elle combattait avec la plus vive ardeur pour jeter des ponts sur l'Elbe. Placé sur les remparts de Dresde, Napoléon chargeait le général Drouot de se porter avec 100 pièces de canon sur les hauteurs de Presnitz, lorsqu'il se sentit frappé à la tête d'un éclat de bois qu'un boulet avait fait sauter d'un bâtiment. Il tomba roide, mais se relevant aussitôt, il dit froidement, en considérant la forme du bois : *Tout serait fini s'il avait touché le ventre.*

D. Que fit l'empereur dès qu'il eut franchi l'Elbe ?

R. Il culbuta l'arrière-garde russe en avant de Bischoffverda, et fit remettre 100,000 fr. aux habitans de cette ville, pour faire rebâtir leurs maisons que l'ennemi avait incendiées.

D. Ne se préparait-il pas un grand engagement ?

R. Oui ; mais peu jaloux d'en courir les chances avant d'avoir réuni toutes les forces qui lui arrivaient de l'intérieur de l'empire, Napoléon chargea le duc de Vicence de se rendre au quartier-général des alliés pour proposer un armistice.

D. Quel succès eut cette démarche ?

R. Aucun, et les hostilités continuèrent. Ney repoussa, le 19, deux corps alliés qui étaient venu l'attaquer dans Kœnigswartha ; et le lendemain toutes nos colonnes se portant en avant, coururent attaquer l'ennemi dans les formidables positions qu'il s'était faites sur

les hauteurs de Bautzen : ce n'était que retranchemens, que redoutes, que palissades,
que batteries. Les simples villages ressem-
blaient à des places fortes ; et pour comble de
difficultés, l'ensemble des ouvrages était défendu par 160,000 hommes d'élite.

D. Que résulta-t-il de cet engagement?

R. Le passage de la Sprée et l'occupation
de positions importantes. Mais cette journée
ne fut que le prélude de celle qui, le lendemain, prit rang parmi nos plus belles. Comme
Napoléon n'attaquait que la gauche des alliés,
Alexandre crut que les Français n'en voulaient
qu'à cette aile, et se hâta de dégarnir son centre et sa droite pour renforcer sa gauche. Mais
cette faute lui devint funeste. Napoléon faisant
charger aussitôt les deux corps dégarnis, les
mit en un instant dans la plus horrible confusion.

D. Que faisait l'aile gauche?

R. Elle continuait de résister, lorsque la
faisant charger sur trois points différens par
les maréchaux Marmont, Oudinot et Macdonald, Napoléon la força de fuir comme la
droite et le centre. 30,000 morts dont 18,000
ennemis furent comptés sur le champ de bataille. Ce ne fut pourtant pas ce qu'annonça

le roi de Prusse à son peuple ; « Toutes nos attaques ont eu le plus heureux succès ; cependant nous nous sommes retirés prudemment devant l'ennemi pour nous rapprocher de nos ressources et de nos renforts. »

D. Où l'ennemi parvint-il à se rallier ?

R. Derrière Reichenbach. Comme ce ralliement était protégé par des batteries formidables, il fallut pour l'inquiéter déployer un grand appareil de forces. Nous le fîmes avec un grand succès ; mais au moment où, suivi de quatre généraux, Napoléon tournait un coude formé par le chemin de Maskerdorff, un boulet passa près de lui, tua roide Bruyère et Kirchener, rasa Mortier et blessa mortellement Duroc.

D. Duroc vécut-il encore long-temps !

R. Environ 15 heures. « *Duroc,* lui dit l'empereur, *il est une autre vie, c'est là que vous irez m'attendre et que nous nous reverrons.* » Livré à la plus vive douleur, Napoléon rentra dans sa tente et resta jusqu'au lendemain sans recevoir personne.

D. Que faisait l'armée ?

R. Elle présentait et soutenait avec gloire quantité de combats, lorsqu'elle apprit que les alliés s'étaient enfin déterminés à accepter

une suspension d'armes. C'était le 4 juin.
Bientôt l'ouverture, dans les murs de Prague,
d'un congrès ayant la paix pour but, attira
tous les yeux de l'Europe attentive.

D. Les vœux des souverains étaient-ils réellement pour la paix?

R. Oui, mais tous voulaient en dicter les
conditions. Le roi de Prusse donna cependant à penser le contraire ; car je vois dans sa
proclamation du 5 juin, qu'il « *n'avait accepté
l'armistice que pour donner à la force nationale de son peuple le temps de se dévelop-
per entièrement.* » Etrange contradiction ! Ce
prince, qui négocie la paix, dit hautement que
sa demande est un piége !

D. Que produisit le congrès?

R. On attendait une paix consolante, et
l'on n'obtint qu'une effroyable guerre. Jetant
le masque, à son tour, l'Autriche nous quitta
pour se joindre à nos ennemis ; mais par une
grandeur d'âme au-dessus de toute admiration, le roi de Danemarck ne vit dans notre
infortune qu'un nouveau motif de s'attacher
plus étroitement à nous.

D. A quelle époque reprit-on le cours des
hostilités?

R. Le 14 août. Aux termes des traités on

ne devait le faire que le 17 ; mais *moins de loyauté et plus de succès* semblait être la devise des généraux ennemis. Attaqués perfidement, les corps que nous avions sur la Katzbach cédèrent, avec la ville de Breslau, leurs plus belles positions.

D. Que fit Napoléon ?

R. Il se porta sur la Bohême dont il força tous les défilés.

D. Que se passait-il au camp ennemi ?

R. Deux généraux venaient d'y arriver : Moreau et Jomini. Le premier avait quitté les champs américains pour aller présider les conseils d'Alexandre ; le second avait déserté ses drapeaux pour courir vendre à l'ennemi les plans de son bienfaiteur.

D. Quel était le projet des alliés ?

R. De s'emparer de Dresde pour en faire la base de leurs opérations ; mais Napoléon devinant leurs desseins, quitta rapidement la Bohême et vint s'établir dans Dresde. Jusqu'alors le seul 14e corps français avait occupé cette ville que menaçaient plus de 150,000 ennemis.

D. Pourquoi les alliés ne l'attaquèrent-ils point avant l'arrivée de l'empereur ?

R. Parce qu'ils attendaient, pour être plus certains de réussir, leur jonction avec le corps de Klenau ; mais ce fut une faute qui les perdit. Ce corps n'arriva point , et ils furent réduits à combattre six fois plus de monde qu'on ne leur en opposait d'abord. C'était le 26 août. On se battit deux jours entiers par le temps le plus affreux. La pluie tombait si abondamment que les fusils ne partaient plus, et l'on était réduit au seul feu du canon. Joint à l'arme blanche, celui-ci fit un tel ravage qu'à la fin du second jour, 30,000 morts , 30,000 prisonniers , 60 pièces de canon et 40 drapeaux étaient sortis des rangs ennemis pour nous servir de trophées.

D. Quelle fut notre perte ?

R. 4000 hommes au plus. De toutes celles que firent les alliés, aucune ne leur causa plus de douleur que celle du général Moreau, à qui un boulet fracassa les deux jambes, et qui mourut des suites de l'amputation. Ils donnèrent, assure-t-on, des larmes à Moreau : plus justes appréciateurs des vertus, les Français ne plaignirent que sa gloire flétrie. Avant de mourir, ce général écrivit à sa femme : « Ce coquin de Bonaparte est toujours heureux. »

D. Que fit l'armée française après sa victoire ?

R. S'attachant aux pas de l'ennemi, elle le foudroyait en queue, lorsque Vandamme, qui s'était isolé, pour poursuivre différens corps, se vit tout-à-coup accablé dans Kulm, tant par eux que par d'immenses renforts qui leur étaient arrivés. Il devait ou se rendre ou périr : il préféra la mort et fondit sur l'ennemi; mais cette mort qu'il cherchait, il l'appela vainement. Après un combat acharné, Vandamme fut réduit à se rendre avec 6000 hommes, 500 voitures et 30 canons.

D. Quel projet forma l'empereur dans cette conjoncture ?

R. Celui tout naturel de s'emparer de Berlin pour forcer le roi de Prusse à se détacher de la coalition. Il chargea donc les corps d'Oudinot et de Bertrand de se porter contre le prince royal de Suède, qui, pour couvrir la capitale de la Prusse, avait pris position entre Spandau et Charlottenbourg. Complétement heureux d'abord, mais malheureux ensuite par la jonction de Bernadotte avec le général Bulow, les Français furent battus à Gros-Beeren, et rejetés jusque sur les bords de l'Elbe.

D. S'arrêtèrent-ils après cette défaite?

R. Oudinot étant blessé, Napoléon chargea le maréchal Ney de prendre le commandement de l'expédition de Berlin. Ney lutta long-temps près de Dennewitz contre des forces immensément supérieures; et peut-être serait-il parvenu à les vaincre si le prince royal n'était arrivé tout-à-coup avec 70 bataillons, 10,000 chevaux et 150 pièces de canon. L'apparition subite de ce formidable renfort décida le maréchal à faire sonner la retraite; mais l'armée n'obéit qu'en frémissant, et l'on vit le général Reynier rester long-temps sous le feu redoublé des canons ennemis dans l'attitude d'un homme qui désirait la mort.

D. Que se passait-il chez les alliés?

R. Ceux-ci publiaient, au nom de l'empereur de Russie, un manifeste tendant à exciter toutes les nations à s'armer contre nous.

D. En est-il qui l'aient fait?

R. La Bavière. Son roi devait tout à Napoléon; mais qui peut compter sur la reconnaissance des rois?

D. Quelles mesures prenait la France pour se garantir d'une invasion?

R. Les plus capables de faire triompher sa cause, et notamment une levée de 280,000 hommes. La demande qu'en faisait au sénat l'impératrice régente, décélait assez les projets de l'ennemi : « ...... Associée depuis quatre ans aux pensées les plus intimes de mon époux, je sais de quels sentimens il serait agité sur un trône flétri et sous une couronne sans gloire. »

D. Quels mouvemens faisaient les deux armées ? »

R. Voulant toujours en venir aux mains, Napoléon cherchait partout l'ennemi ; mais celui-ci qui attendait un renfort de 60,000 hommes, refusait tout engagement et se bornait à varier ses positions pour fatiguer les Français par des marches sans résultat. C'est ainsi que nous courûmes pendant plusieurs jours de la Bohême à la Silésie et de la Silésie à la Bohême.

D. Le renfort arriva-t-il ?

R. Oui, et dès qu'il eut opéré sa jonction les grandes opérations recommencèrent.

D. Détaillez-les moi.

R. Les armées de Bohême et de Silésie repoussèrent sur Dresde le prince Poniatowski et le maréchal Macdonald ; de son côté, le prince royal de Suède se porta sur Leipsick en forçant le maréchal Ney de se reployer devant lui.

D. Pressé par ce mouvement concentrique, que fit Napoléon ?

R. Il courut attaquer, près de Wurtzen, l'armée de Silésie que Macdonald s'efforçait en vain d'arrêter, la défit complétement, et força Blucher d'aller chercher un refuge dans le camp suédois. Cet avantage remporté, il confia la défense de Dresde au maréchal Gou-vion Saint-Cyr, quitta la contrée et se porta sur Leipsick pour réaliser, dans la plaine de Wachau, un grand dessein qui l'occupait depuis long-temps.

D. Quelle était la force de la garnison de Dresde ?

R. 33,000 hommes, non compris 10 à 12,000 qui se trouvaient soit dans les hôpi-taux, soit en subsistance. De ces derniers, beaucoup étaient des lambeaux échappés au désastre de Kulm.

D. Quel jour Napoléon entra-t-il dans Leipsick ?

R. Le 14 octobre. C'était l'anniversaire de Jéna. Enthousiasmé par le souvenir de ce jour glorieux, le roi Murat attaquait avec 6000 hommes de cavalerie le corps entier de Witt-

genstein qui était en position près de Wachau.

D. Que fit l'empereur en arrivant à Leipsick?

R. Comme toutes les forces de la coalition
n'étaient plus qu'à une faible distance, il disposa ses différens corps pour un engagement
général.

D. Cet engagement eut-il lieu?

R. Le 16, vers 8 heures du matin, trois colonnes ennemies, que précédaient 200 pièces
de canon, s'avancèrent contre les corps de
Poniatowski, de Victor et de Lauriston, qui
défendaient trois villages importans, parmi lesquels se trouvait celui de Wachau.

D. Où était l'empereur?

R. Il se portait au galop des murs de Leipsick sur les points attaqués. Son arrivée, sur
la partie supérieure de la plaine, fut immédiatement suivie d'une canonnade qui augmenta
par degrés, et qui bientôt fit un bruit si épouvantable qu'à peine les soldats pouvaient entendre les commandemens répétés par les chefs
de peloton. On se battit ainsi jusqu'à neuf
heures du soir. Alors l'ennemi avait perdu
25,000 hommes et deux lieues de terrain.

D. Et nous?

R. 4000 hommes tout au plus; et, ce qu'il

y a de plus admirable, c'est que nos 160,000 braves avaient constamment lutté contre 350,000. Il faut avoir assisté à cette bataille pour se faire une idée de l'intrépidité française. L'empereur y donna surtout de grandes preuves de courage. Voyant un régiment d'infanterie qui restait sans bouger sous le feu des canons autrichiens : *Quel est ce régiment ?* dit-il à l'officier qu'il voit à la tête. —*Le 22ᵉ léger.* —*Cela n'est pas possible, je le connais, il ne resterait pas les bras croisés à se laisser mitrailler.* Ces mots sont pour l'ennemi plus fatals que la foudre ; il dit, le régiment s'élance et les canons sont enlevés.

D. A quoi les deux partis consacrèrent-ils le lendemain de cette journée ?

R. A de nouvelles dispositions pour recommencer le 18 au matin.

D. Se battit-on le 18 ?

R. Avec plus de fureur que jamais. La victoire allait encore sourire aux Français, lorsque, par une perfidie concertée, les Saxons nous abandonnèrent pour se joindre à nos ennemis. Il est facile de penser combien cette défection nous devint funeste. Le vide qu'elle mit dans nos lignes isola plusieurs de nos corps d'armée, et il fallut consacrer à reconquérir les positions, des efforts dont il eût été si avantageux de pouvoir faire un autre emploi. On rapporte qu'en arrivant chez l'ennemi, le commandant de l'artillerie saxonne dit gaiement au prince royal de Suède : *J'ai brûlé la moitié de mes munitions contre vous, et je vais brûler le reste contre les Français* : propos d'autant plus horrible qu'il joint l'odieux de l'impudeur à l'infamie du crime.

D. A quelle nombre la défection des Saxons réduisit-elle les Français?

R. A 112,000, dont chacun avait quatre ennemis à combattre.

D. Quel parti peut s'attribuer l'honneur d'avoir vaincu à Leipsick?

R. C'est une question que les alliés eux-mêmes n'osent approfondir. Le fait est que nous couchâmes sur le champ de bataille, et que nous imposâmes, par la fierté de notre attitude, ces mêmes ennemis qui croyaient nous épouvanter par leur nombre.

D. Le roi de Saxe trempa-t-il dans la défection de ses troupes?

R. Cet opprobre n'a pas souillé ses cheveux blancs.

D. Que fit Napoléon après la bataille?

R. Il voulait recommencer à combattre;

mais comme 250,000 coups de canon tirés depuis deux jours avaient réduit les munitions presqu'à rien , il décida que l'armée se reploierait sur Erfurt pour s'y réapprovisionner.

D. Quand s'effectua la retraite ?

R. Le lendemain dès la pointe du jour. L'ennemi vit à peine notre mouvement rétrograde , qu'il s'ébranla pour attaquer Leipsick ; mais l'empereur avait eu soin d'en mettre toutes les issues en état de défense. On se battit long-temps aux portes de la ville avant que l'ennemi parvînt à pénétrer dans la ville même. Quand il y fut , le carnage devint horrible ; ce n'était que torrens de boulets , de balles et de mitraille , dévorant à la fois des bataillons entiers , et suspendant par des monceaux de morts le cours épouvantable des ruisseaux de sang. Plus de 20,000 Français restaient encore à passer, lorsqu'un bruit affreux annonça que le pont sautait. Dès-lors plus de refuge pour eux : ces 20,000 braves étaient à la discrétion de 400,000 ennemis.

D. N'accusa-t-on pas l'empereur d'avoir fait sauter le pont pour sauver sa personne ?

R. Les mépris du monde entier ont fait justice de cette calomnie.

D. Comment ce malheur arriva-t-il donc?

R. L'empereur ordonne au général Dulau-
loy de faire sauter le pont dès que l'ennemi
paraîtra ; et celui-ci en confie l'exécution au
colonel Montfort, qui lui-même croit pouvoir
en charger le caporal Lafontaine. Tout est
préparé, l'ennemi paraît et le pont n'est plus.

D. Si les Français combattant dans la ville
se trouvaient encore entre le pont et l'ennemi, comment l'ennemi pénétra-t-il jusqu'au
pont sans avoir rejeté les Français de l'autre
côté de la rivière ?

R. Voilà précisément la source de tous les
contes débités sur ce grand désastre. Les
troupes qui se présentèrent au pont n'étaient
pas de celles qui se battaient dans Leipsick.
Reconnaissant au contraire, ou le danger ou
l'impossibilité de s'y introduire, elles filèrent
autour des remparts, gagnèrent le pont et
causèrent la méprise.

D. A combien évalue-t-on les pertes des
deux partis dans les trois derniers jours?

R. A 130,000 hommes et 48 généraux,
tués, blessés ou pris. L'ennemi eut pour sa
part 80,000 hommes hors de combat. C'était
beaucoup sans doute, mais nous eûmes à regretter de plus que lui 150 bouches à feu qui

ne purent trouver passage. Parmi nos morts on distingua surtout le prince Poniatowski. Ce héros, qui périt criblé de balles en traversant l'Elster, venait de recevoir dans le bâton de maréchal d'empire, le sceptre glorieux des vertus du guerrier.

D. Quelle était encore la force des Français?

R. 80,000 hommes, non compris plusieurs milliers de traînards que l'on désignait sous le nom de *fricoteurs.*

D. Quelle route prit l'armée?

R. Celle de Mayence par Francfort.

D. Ne fut-elle point inquiétée dans son mouvement?

R. Elle courut de véritables dangers au défilé de Kœsen, mais elle en sortit par l'intrépidité des généraux Guilleminot et Bertrand.

D. L'ennemi se borna-t-il à cette tentative?

R. Il en fit une terrible près de la ville de Hanau. Persuadés que toute l'armée serait prisonnière s'ils parvenaient à l'acculer contre l'angle formé par le Rhin et le Mein, 70,000 Austro-Bavarois qui nous avaient devancés, nous attendaient à ces nouvelles Thermophyles. L'armée leur passa sur le ventre; le général Wrede, qui les commandait, y périt, 10,000 des leurs restèrent sur le champ de bataille ; et victorieux au sein même des revers, nous rentrâmes sur le territoire de la patrie pour garantir ses limites de toute invasion.

D. Qu'étaient devenues les garnisons françaises des places fortes de l'Allemagne?

R. Plusieurs se défendaient encore avec une rare intrépidité. Celles d'Anvers et de Hambourg, que commandaient Carnot et Davoust, serviront surtout de modèle aux générations à venir.

D. Quelles sont celles qui s'étaient rendues ?

R. Wurtzbourg, Brême, Stettin, Modlin, Erfurt, Torgau, Dresde et Dantzick.

D. L'ennemi observa - t - il fidèlement les traités qu'il conclut avec elles ?

R. Sous ce rapport comme sous beaucoup d'autres sa gloire n'est pas intacte. Il avait accordé aux garnisons de Dresde et de Dantzick la faculté de rentrer librement en France; mais à peine se furent-elles rendues, qu'il viola ses traités et les déclara prisonnières?

D. Quelle influence cette double violation eut-elle sur les destins de l'empire?

R. La plus grande, et je le prouve. Pour jeter du vide dans le système défensif de la France, les alliés laissèrent passer les dépêches par lesquelles Rapp et Saint-Cyr annonçaient leur prochaine rentrée. Alors Napoléon comptant sur elles, leur assignait sur la frontière un espace à défendre et attendait leur arrivée pour garnir cet espace. Comme elles n'arrivèrent point, la France resta constamment à découvert du côté de la Suisse.

D. Rapp et Saint-Cyr ne pouvaient-ils donc informer l'empereur de l'indigne attentat dont ils étaient l'objet?

R. L'ennemi avait eu soin d'y porter obstacle. Plusieurs vaillans officiers tentèrent, il est vrai, cette périlleuse entreprise; mais le seul capitaine Feisthamel parvint à braver tous les dangers, et lorsqu'il arriva le temps était passé de remédier au mal.

CAMPAGNE DE 1814.

D. Réduit à combattre sur le territoire de l'empire, quelles mesures prit Napoléon?

R. Il chargea les ducs de Bellune, de Raguse et de Tarente, de couvrir le Rhin depuis la Hollande jusqu'à la Suisse; négocia l'évacuation de l'Espagne avec Ferdinand VII, qu'il renvoya dans ses états, et fit offrir aux alliés de sacrifier au rétablissement de la paix tout ce que la France possédait de territoire au-delà des Alpes, du Rhin et des Pyrénées.

D. Que répondirent les souverains?

R. Que voyant dans la France grande et forte une des plus fermes bases du système social, ils ne voulaient et n'entendaient faire la guerre qu'à la seule personne de l'empereur Napoléon.

D. Que fit Napoléon pour déjouer leurs desseins?

R. Il convoqua le Corps législatif et proposa d'immenses levées tant en hommes qu'en argent; mais au lieu d'une servile adulation, il entendit pour la première fois la voix sévère de la vérité. La commission demanda « Qu'avant tout l'empereur garantît aux Français les

droits de la liberté, de la sûreté, de la propriété, et à la nation le libre exercice de ses
droits politiques. »

D. Comment Napoléon reçut-il cette demande?

R. Avec emportement. « Veut-on, dit-il,
rétablir la souveraineté du peuple? Eh bien!
si le peuple est souverain je me fais peuple;
car je veux être où est la souveraineté. » Dès-
lors, ajournant le Corps législatif, il se chargea seul des destinées de l'empire.

D. Que produisit cette détermination dans
l'opinion publique?

R. Une fermentation politique dont rien
n'approche. Les factions assoupies se réveil-
lèrent, et l'on ne vit plus dans le chef de
l'état qu'un joueur illustre décidé à risquer
son và-tout. Comme jamais homme n'atteignit à son habileté dans les préparatifs de
guerre, il pressurait, pour en venir à sa gloire,
jusqu'aux derniers élémens de ses ressources;
et c'est aux mesures dont il frappa la nation
que l'on doit ce mot plein de sens et de vérité:
« L'empereur remue un fumier qui renferme
la peste. »

D. Quelle était la situation de l'armée?

R. Epouvantable. Indépendamment de l'en

lière démoralisation dont les divers corps étaient frappés, une cruelle épidémie les détruisait tous avec une égale fureur.

D. Quels alliés restaient à Napoléon?

R. Naples, le Danemarck et l'Italie. Tous les autres étaient passés à l'ennemi et la France n'avait que 80,000 hommes présens pour tenir tête aux armées des trois quarts de l'Europe. Il est vrai que de nombreuses garnisons se trouvaient encore dans les places fortes de l'Allemagne; mais comme Napoléan se flattait de reprendre incessamment l'offensive, il les y conservait pour, en cas de succès, mettre l'ennemi entre deux feux ou reconquérir son territoire avec plus de facilité.

D. Vous m'avez dit les dispositions prises pour résister sur le Rhin, mais j'ignore encore ce qui fut fait sur les autres points de nos frontières.

R. Le maréchal Ney gardait les débouchés du Morvan; le maréchal Augereau, les rives du Rhône; les maréchaux Soult et Suchet, les passages des Pyrénées, tandis que le vice-roi d'Italie se joignant aux Napolitains, se préparait à forcer l'Autriche de tenir 100,000 hommes en Carinthie pour couvrir Vienne; et que, placée à Chaumont, la garde impériale

se tenait prête à se porter partout où les dangers exigeraient sa présence.

D. Ce plan fut-il généralement approuvé?

R. Beaucoup le regardèrent comme gigan-
tesque ; et, s'il faut en croire plusieurs officiers distingués, Napoléon aurait beaucoup
mieux fait de rappeler sur le territoire de la
vieille France tout ce qu'il avait d'hommes
épars en Espagne, en Hollande et en Italie ;
mais qu'auraient dit ces mêmes officiers si le
succès, que la trahison seule empêcha, avait
couronné le plan directement contraire ?

D. A quels mouvemens se livraient les
alliés ?

R. Tandis que le gros de leur armée méditait sur les moyens de franchir le Rhin, et
que le prince royal de Suède se portait contre
le maréchal Davoust campé sur la Stecknitz,
les corps de Bulow et de Winzingerode enva-
hissaient la Hollande et forçaient de se reployer sur Anvers les divers régimens français que trop de faiblesse numérique empê-
chait de résister.

D. Quel point de nos frontières était prin-
cipalement menacé?

R. Le pont de Bâle. Deux raisons avaient
empêché Napoléon d'y porter des forces. La

première, était le serment fait par les Suisses de faire respecter leur neutralité ; la seconde, l'espoir qu'il avait de pouvoir y placer incessamment les garnisons de Dresde et de Dantzick, qu'il savait avoir posé les armes, sous la condition de rentrer librement en France.

D. Qui s'opposa donc à cet arrangement ?

R. La perfidie des alliés. Ardens violateurs des traités les plus saints, ils retinrent prisonnières ces mêmes garnisons dont ils avaient signé la délivrance, et entraînèrent la Suisse dans un enchaînement de complaisances qui la déshonora aux yeux du monde entier. Napoléon était aux Tuileries lorsque le capitaine Feisthamel, secrètement envoyé par le maréchal Gouvion-Saint-Cyr pour l'instruire du sort des défenseurs de Dresde, vint à travers cent périls affrontés, lui apprendre que l'empire était envahi à l'Est de son territoire. Il fit aussitôt reployer sur la Champagne les trois corps disposés sur le Rhin ; fit de Châlons le point de rassemblement de ses principales forces, et s'y porta lui-même dès qu'il se crut en état d'ouvrir la campagne.

D. Comment débuta l'empereur ?

R. Par attaquer, dans Saint-Dizier, un corps de l'armée de Silésie. Il le mit en déroute, prit la ville (27 janvier) et se porta sur Montiérender.

D. Que fit le maréchal Blücher en apprenant cet échec d'un de ses corps?

R. Il concentra son armée près de Brienne, et ne se croyant point assez fort pour aller au-devant de Napoléon, prit le très-sage parti d'attendre qu'il parût.

D. Parut-il?

R. Quoique le mauvais état des chemins nuisît singulièrement à la marche de l'armée, il parut le 30 vers 7 heures du matin. Alors on vit s'entamer et s'étendre un feu extrême-ment acharné. Blücher manqua d'être pris dans le château de Brienne avec tout son état-major. Jamais on ne vit d'égorgémens plus complets. Ce combat effroyable dura jusqu'à la nuit. Nous couchâmes dans le château et les Russes dans la ville. On ne peut dire lequel des deux séjours était le moins affreux : le château était encombré de cadavres, la ville était en proie au feu le plus dévorant.

D. Lequel des deux partis céda le champ de bataille?

R. L'ennemi. Il se retira dès le lendemain sur la Rothière, et Napoléon l'y suivit. L'em-pereur craignant que l'intention de Blücher ne fût de se joindre à la grande armée des alliés, se disposait à se déployer sur Troyes, lorsque de nouveaux avis vinrent changer sa détermination. Il faisait un temps affreux. La neige qui tombait par torrens dérobait à chacun des partis la position de son adversaire; mais rien ne put les empêcher d'en venir aux mains. (1er février) Plus heureux qu'à Brienne, l'ennemi garda le champ de bataille.

D. Où l'armée française se retira-t-elle?

R. Sur Troyes. Au lieu de s'attacher à ses pas, les souverains alliés perdirent dans le château de Brienne un temps considérable à délibérer sur les moyens qu'ils emploieraient pour tourmenter sa retraite. Il fut décidé que l'armée de Silésie se dirigerait sur Paris par Châlons et les rives de la Marne, que la grande armée s'y porterait par Troyes et les bords de la Seine; et que leur liaison serait constamment assurée par divers corps de troupes savamment disposés entre elles.

D. Napoléon parvint-il à gagner Troyes?

R. Oui, et de la manière la plus heureuse. L'accueil que cette ville fit à l'armée découragea nos jeunes soldats déjà épuisés par les fatigues et les privations. 6000 environ quittèrent leurs étendards pour aller porter la consternation dans leur pays, et furent à peine remplacés par l'entrée en ligne de la division Hamelinaye.

D. L'empereur parvint-il à se maintenir dans Troyes?

R. Il prouva du moins par divers avantages remportés sous les murs contre l'avant-garde de la grande armée qu'il pouvait y faire une glorieuse résistance. Son intention première était de défendre Troyes, mais apprenant que Blücher opérait un mouvement décousu contre Paris, il évacua la ville et se porta sur No-gent. Ce fut le général Mortier qui soutint cette retraite. Il s'en acquitta avec autant de courage que de ruse et d'habileté.

D. Que firent les alliés après le départ de Napoléon?

R. Ils prirent possession de Troyes. Ce fut alors que les royalistes de cette ville firent éclater leurs intentions pour les princes fran-çais de l'ancienne dynastie. Excités par le baron de Vidranges et par le chevalier de Gouault, plusieurs reprirent les croix de Saint-Louis qu'ils portaient avant la révolution, et une vingtaine environ signèrent une adresse à l'empereur Alexandre pour lui demander le retour des Lys.

(270)

D. Quelle fut la réponse de ce prince?

R. Que loin de vouloir donner un roi à la France, les souverains alliés ne venaient que la consulter sur ses intentions.

D. Que pensez-vous de cette réponse ?

R. J'y croirais si elle n'était pas rapportée par M. Alphonse de Beauchamp.

D. Revenons à Blücher.

R. Il chassait devant lui le faible corps du duc de Tarente qui, n'ayant pu se maintenir dans Châlons, se reployait sur Meaux où 8000 gardes nationaux l'attendaient.

D. Dans quel ordre marchait Blücher?

R. Avec une dissémination qui prouvait toute sa sécurité. Son avant-garde venait d'éprouver un échec à la Ferté-sous-Jouarre (9 février), lorsqu'il apprit que Napoléon se portait de la Seine sur la Marne, et n'était déjà plus qu'à une faible distance. Alors l'embarras du général ennemi fut extrême. Ne sachant plus comment réunir à temps ses cinq corps éparpillés il prit le parti d'ordonner la retraite dans l'intention vague de rejoindre la grande armée.

D. Où était l'empereur?

R. A Sézanne où l'avaient joint les maréchaux Ney et Marmont. Blücher avait laissé totalement isolé le faible corps d'Alsufiew. Ce corps fut détruit à Champ-Aubert (10 février), et Napoléon se porta sur Montmirail où Blücher concentrait les élémens de son armée.

D. Quel nouveau combat signala cette rencontre ?

R. Le plus violent. Arrivés les premiers, les corps de Sacken et de Yorck furent taillés en pièces par la garde impériale. (11 février) 4000 hommes, 200 voitures et 26 canons sont les pertes matérielles dont l'ennemi fait aujourd'hui l'aveu. C'en était fait des deux corps en déroute si, présageant autre chose que des revers, les habitans de Château-Thierry avaient songé à détruire le pont qu'ils ont sur la Marne. Néanmoins les alliés essuyèrent encore, au défilé des Cacquerets, un échec aussi funeste à leur gloire qu'à leur prépondérance.

D. Blücher ne faisait-il donc rien pour sauver ses lieutenans ?

R. Au lieu de voler à leur secours avec les deux corps qui lui restaient, il se reploya sur Bergères pour couvrir Châlons, et dépêcha le comte de Witte au général Schwartzenberg pour l'engager à attaquer Napoléon par son flanc droit, et tirer de cette manière l'armée de Silésie de l'abîme où elle était tombée.

D. La reprise de Château-Thierry, par les Français, coûta-t-elle beaucoup de monde à l'ennemi ?

R. 2000 hommes environ. Rien n'égalait l'ardeur des habitans à venger, avec la patrie, la dévastation de leurs propriétés.

D. Que fit Blücher dans cette circonstance ?

R. Jugeant que la crainte d'être assailli par la grande armée déciderait l'empereur à se reployer sur Sézanne, il reprit l'offensive contre le duc de Raguse qui campait à Etoges et qui vint aussitôt prendre position près de Vauxchamps. Mais il se trompait, l'empereur parut comme la foudre (13 février), écrasa l'armée de Silésie dans tous les sens, lui fit couper la retraite par Grouchy, et chargea Drouot de compléter sa défaite par le jeu redoublé de 30 bouches à feu. Cette seule affaire coûta aux alliés 5000 hommes, 15 canons et dix drapeaux.

D. Eût-elle quelqu'influence sur les destinées de l'empire ?

R. Les plus grandes, et je vais le démontrer. Immédiatement après la journée de la

Rothière, Napoléon sentant qu'il était infailliblement perdu s'il ne concentrait toutes ses
forces, avait écrit au vice-roi d'évacuer l'Italie
et de se reployer sur la France ; mais lorsqu'il
vit les alliés compromis à Vauxchamps par la
destruction de l'armée de Silésie, il conçut
l'espoir de conserver l'Italie, et s'empressa de
révoquer ses premiers ordres.

D. Aucun secours n'arrivait-il aux alliés ?

R. Après s'être établi dans la Hollande con-
jointement avec Bulow, Winzingerode s'emparait d'Avesnes et de Soissons pour se joindre au feld-maréchal Blücher. Instruit bientôt
de la défaite de ce dernier, il céda Soissons au
duc de Trévise qui l'y remplaça immédiatement.

D. Nous avons laissé la grande armée des
alliés sous les murs de Troyes A quelles opérations s'y livra-t-elle ?

R. D'abord à aucunes, parce que les souverains comptaient voir, sans son intervention,
la capitale au pouvoir de Blücher. A la nouvelle du désastre d'Alsufiew, Schwartzenberg
s'ébranla. Comme il n'avait devant lui que les
faibles corps des maréchaux Victor et Oudinot, il s'empara sans beaucoup de peine de
Sens, de Pont-sur-Yonne, de Montereau, de

Nogent et de Bray. Il passa même la Seine à ce dernier endroit. Mais il ne tarda point à voir ses progrès se ralentir par l'arrivée subite du duc de Tarente qui se porta de Meaux sur Nangis pour renforcer ses deux collègues.

D. Ne fut-ce point alors que les souverains tinrent conseil pour délibérer sur les mesures nécessitées par ces incidens ?

R. Oui, et tous les avis tendaient à s'attacher aux pas de l'empereur dont on ignorait encore les derniers avantages. Mais un autre incident fit changer cette brillante résolution. Le général Haake arrivant bride abattue au quartier - général des souverains, annonça qu'après avoir détruit les derniers corps de Blücher, Napoléon se repliait sur la Seine pour y attaquer la grande armée. Alors il ne fut plus question que de reprendre les anciennes positions de la Seine et de l'Yonne, reconquises par les maréchaux depuis l'arrivée du duc de Tarente.

D. Cette alarme de l'ennemi était-elle fondée ?

R. On ne peut davantage. A peine Schwartzenberg eut-il transmis à ses lieutenans les délibérations du grand conseil, que de sanglans combats signalèrent l'arrivée de Napoléon. Les champs de Mormant, de Valjouan et de Montmirail en sont une preuve impérissable. Terrassé partout, l'ennemi qui, un instant avant, comptait pénétrer jusqu'à Paris, ne songea plus qu'à se retirer sur Troyes.

D. Que fit Napoléon dans cette conjoncture ?

R. Il fondit près de Montereau sur les derrières de l'ennemi qu'il mit dans la plus grande confusion et dont il fit le plus horrible carnage. 6000 hommes, quatre drapeaux et six canons furent en moins de quelques heures arrachés aux alliés (16 février) ; et lorsque traversant Montereau pour échapper à la mort qui s'attachait à leurs pas, ceux-ci se croyaient hors de tout péril, ils trouvèrent dans les habitans mêmes, des ennemis non moins acharnés que ceux dont ils venaient d'éprouver la fureur : « Comment ferons-nous pour enterrer tant morts ? dit un citoyen de Montereau. Jetez-les à la Seine, répondit l'empereur. Puisqu'ils veulent voir Paris, ils le verront. »

D. Quel fut pour les Français l'effet de cette bataille ?

R. Celui de se revoir sous les murs de Troyes, qu'ils avaient évacué ainsi que je

l'ai dit pour se mettre à la poursuite de Blücher.

D. Fallut-il les reconquérir?

R. Oui, et c'est de quoi l'empereur s'occupa sur-le-champ. Trop vivement pressés les
alliés menacèrent d'incendier la ville si on
ne leur donnait jusqu'à midi du lendemain
pour en compléter l'évacuation. Napoléon y
consentit; mais à peine la trève fut-elle expirée
que vingt coups de canon mirent les portes
en éclats. Les alliés étaient loin de s'attendre
à une pareille précipitation; beaucoup même
ne faisaient encore que songer à partir, lorsque les Français fondirent sur eux comme la
foudre. Ce moment faillit de mettre en nos
mains la personne de l'empereur Alexandre.

D. Que fit Napoléon dans Troyes?

R. Justice de plusieurs séditieux, parmi
lesquels se trouvait le chevalier de Gouault.
Cet homme dont les indignes projets avaient
hautement éclaté, est sérieusement plaint
par MM. de Beauchamps, Labaume et compagnie.

D. Quelle direction prit la grande armée
des alliés?

R. Celle qui la reportait le plus directement derrière l'Aube , où elle fut suivie par les maréchaux Victor et Macdonald.

D. Retournons à Blücher. Qu'avait-il fait depuis le départ de Napoléon ?

R. Remis en corps d'armée les lambeaux de ses cinq corps.

D. Et depuis, qu'osa-t-il entreprendre ?

R. Se croyant abandonné à lui-même, il jugea n'avoir rien de mieux à faire que de marcher directement sur Paris. En conséquence, il se porta contre le maréchal Marmont qui était en position pour l'observer, et le força de se replier devant lui. Celui-ci fut à La Ferté, joint par le maréchal Mortier qui confia la garde de Soissons au général Moreau ; et, désormais suffisamment en force pour n'être pas réduits à la nécessité d'une fuite pure et simple, tous deux se retirèrent en combattant jusque sous les murs de Meaux. C'est dans cette marche que Blücher fut joint par les corps de Bulow et Winzingerode qui, comme je l'ai dit, s'étaient emparés de la Hollande. Ils nous avaient pris dans le trajet les villes de La Fère et de Soissons.

D. Où était l'empereur ?

R. A Troyes. Là, les yeux fixés sur les mouvemens des deux armées ennemies, il voyait avec pitié Blücher s'exposer sans but aux mêmes chances qui lui avaient déjà coûté tant de milliers d'hommes, et se disposait à manœuvrer sur ses derrières pour achever de l'anéantir. Parti de Troyes le 27 février, Napoléon franchit par un temps et des chemins affreux tout l'intervalle qui le séparait de Blücher, et joignit près de Craone son ennemi déjà fort embarrassé de sortir de ses mains, C'est alors qu'on vit commencer entre eux un combat d'autant plus acharné, qu'il devait avoir la plus grande influence sur le sort des partis (7 mars). L'ennemi fut battu, parce que tel semblait être son sort; mais cette victoire nous coûta 5000 hommes, et c'était beaucoup trop dans une circonstance où, jusqu'au dernier conscrit, tout était précieux. Alors la ville de Reims venait d'être reprise par le général Corbineau.

D. Où se retira l'ennemi ?

R. Sur le plateau de Laon. Napoléon à qui il ne restait que 30,000 hommes avait formé le projet d'attaquer dans cette position formidable les 100,000 de son adversaire, lorsqu'il apprit que dans la nuit qui suivit la bataille de Craone, le maréchal Marmont s'était laissé surprendre dans ses bivouacs par le corps du général Yorck. Ce maréchal avait perdu 3000 hommes, 130 caissons et 40 bouches à feu.

D. Quelle influence eut-il sur les résolutions de l'empereur?

R. Aucune, si l'on en juge par les ordres qu'il donna. Laon fut attaqué dans tous les sens avec un acharnement et un courage dont l'histoire des nations offre peu d'exemples; mais ce fut en vain que les premiers soldats de la terre se surpassèrent pendant deux jours, dans la proportion d'un contre quatre, pour emporter cette position. Ce que n'avaient pu jusqu'alors vingt peuples conjurés, un roc l'effectua, et, frémissant de son impuissance, Napoléon se vit forcé d'ordonner la retraite. Tandis qu'elle s'opérait sur Soissons, Marmont, que sa défaite avait séparé de l'armée impériale, quitta le confluent de la Suippe pour porter son quartier-général dans Fismes.

D. L'empereur ne donnait-il aucun repos à l'armée?

R. Ce repos que nécessitaient et les fatigues inouies essuyées jusqu'alors, et le besoin de réorganiser l'armée, commençait à rétablir les forces épuisées de nos soldats, lorsque l'empereur apprit que Reims venait d'être enlevé

au général Corbineau par le transfuge Saint-
Priest. Il lui parut alors digne de lui de reconquérir cette ville importante sous les yeux
mêmes de l'armée victorieuse, et il quitta
Soissons pour accomplir son projet. Instruit
de ce mouvement, Marmont s'ébranla pour
agir de concert ; le corps ennemi fut écrasé
dans sa conquête ; Saint-Priest lui-même fut
blessé mortellement, et vers une heure du
matin, nous rentrâmes dans les murs de Reims
guidés par les acclamations de nos concitoyens,
et surtout éclairés par les feux éclatans d'une
illumination générale.

D. Instruit de l'échec des Français contre
le roc de Laon, que fit le prince de Schwartzenberg ?

R. Il reprit l'offensive contre les maréchaux
Oudinot et Macdonald qui opéraient séparément, et qui dans cette circonstance firent
briller de tout son éclat la gloire du nom français. Surpris dans Bar, les 15,000 hommes
d'Oudinot en tuèrent 2400 aux 40,000 que
le généralissime commandait en personne ; et,
attaqués spontanément dans La Ferté, les
10,000 de Macdonald ne se retirèrent devant
les forces triples du prince de Wurtenberg,
qu'après avoir vengé la mort de 600 des leurs

par celle d'un nombre au moins égal d'ennemis. Bientôt après les champs de Bar-sur-Seine
virent réitérer ces hécatombes d'une manière
non moins sanglante.

D. Quelle influence ces combats eurent-
ils sur nos opérations ?

R. Celle de prouver aux maréchaux que,
privés des secours de l'empereur, ils ne pouvaient que périr sur la rive droite de la Seine.
Macdonald venait alors de prendre le commandement en chef des deux corps dont la force
totale n'excédait pas 25,000 hommes. Il évacua Troyes que l'ennemi pilla immédiatement, et porta sa ligne de défense entre Nogent
et Montereau.

D. Que faisait l'empereur ?

R. Il voyait tout de Reims où nous l'avons
laissé. Jugeant qu'il fallait interdire à la grande
armée des alliés toutes communications avec
l'armée de Silésie, il se porta rapidement
contre elle. On se battit à La Fère Champenoise, à Plancy, à Méry, et notamment à
Arcis-sur-Aube, où le corps de Macdonald se
joignit à l'armée impériale. L'issue de ce dernier combat n'ayant pas été favorable aux
Français, l'empereur ordonna la retraite, et

prit immédiatement l'habile résolution de manœuvrer sur les derrières de l'ennemi.

D. Quel était son but ?

R. De creuser un abîme aux alliés en soulevant contre eux la masse entière d'une population belliqueuse, ce qui les eût totalement isolé des seules ressources auxquelles leur existence tenait encore.

D. Quel parti prit l'ennemi ?

R. De marcher droit sur la capitale sans s'inquiéter de ce qui se passait sur ses derrières. Mais comme il fallait masquer cette manœuvre à l'empereur, on détacha contre lui un corps d'environ 12 à 15,000 hommes avec ordre de présenter constamment un front supérieur à son importance réelle. Napoléon crut en effet avoir à sa suite toute l'armée des alliés, et continua de se replier sur les Vosges.

D. Où étaient les corps des maréchaux Marmont et Mortier ?

R. Entre Reims et Soissons. Forcés par des masses trop nombreuses, et guidés d'ailleurs par des ordres positifs, ils manœuvrèrent de manière à rejoindre au plutôt l'armée impériale.

D. Que se passait-il dans les Pays-Bas ?

R. Le général Maison y disputait le terrain pied à pied aux forces immenses déployées devant lui ; et celles - ci bombardaient vainement Anvers que défendait avec l'ardeur d'Achille le bras sexagénaire du citoyen Carnot.

D. Aucune autre place ne fit - elle comme Anvers de résistance marquée.

R. Berg-op-Zoom s'est acquis un grand nom dans l'histoire. Surpris dans ses murs par 5ooo Anglais qui parvinrent à y pénétrer, 2700 Français firent de leurs nombreux ennemis le plus effroyable carnage. Ce qui surtout doit ajouter à l'admiration qu'on leur porte, c'est qu'indépendamment de fortifications qui n'exigeaient pas moins de 12,000 hommes, ces 2700 braves avaient encore vingt-six bastions à conserver. Nous devons au colonel Legrand une excellente notice sur la surprise de Berg-op-Zoom : modeste autant qu'intrépide, ce savant officier n'a oublié que lui dans sa relation.

D. Que se passait-il en Italie ?

R. Chargé de défendre cette antique et superbe contrée, le prince Eugène Beauharnais attendait pour attaquer l'armée autrichienne campée sur l'Adige, que le roi Murat eût joint ses forces aux siennes, lorsqu'il apprit que, cédant à l'influence climatérique, ce roi venait de trahir en faveur des alliés sa gloire acquise, l'honneur de son trône, son pays, son frère et son bienfaiteur.

D. Dans cette cruelle conjoncture quel parti prit Beauharnais?

R. Celui de se retirer sur le Mincio pour y prendre des positions conformes à sa fortune. On se battit en vingt endroits avec des avantages balancés, et plus d'une fois les Napolitains cédèrent aux Français l'honneur de coucher sur le champ de bataille. Ce fut sur ces entrefaites que l'ancien roi de Naples, Ferdinand IV, débarqua de Palerme dans le port de Livourne avec 16,000 hommes, dont 4000 Anglais commandés par lord Bentinck. Cette arrivée fit ouvrir les yeux à Murat; et non moins alarmé des périls que son trône courait de ce côté, que de ceux auxquels l'exposait évidemment le talent prodigieux de son vaillant adversaire, il connut dès ce fatal moment qu'il n'existait pas de repos pour les traîtres.

D. Ne se passait-il rien sur les frontières de la Suisse?

R. Le comte Bubna s'emparait de Genève et marchait sur Lyon. Instruit de ce mouvement, l'empereur chargea le maréchal Augereau de

partir pour s'y opposer. Au lieu d'une armée,
Augereau ne trouva que 1200 hommes presque sans organisation. Il se hâta de leur en
donner une, et porta par l'appel des gardes
nationaux, l'effectif de ce corps à 17,000
combattans. Bubna n'en ayant que 12,000 à lui
opposer, ne tarda point à reperdre tout ce qu'il
avait conquis : Mâcon, les Echelles, etc.

D. Augereau se montra-t-il encore ce
qu'on l'avait vu jadis en Italie?

R. Vainement l'empereur lui avait fait
écrire par le duc de Feltre « d'oublier ses
cinquante-six ans pour ne se rappeler que des
beaux jours de Castiglione, » l'illustre vieil-
lard ne montra plus que le revers effacé de la
plus belle médaille.

D. Que devait-il donc faire?

R. Frapper au cœur ainsi qu'il en avait
l'ordre, détruire d'un coup tout l'espoir de son
adversaire, au lieu de rester dans Lyon spec-
tateur oisif des efforts de son armée. Cela fait,
il était libre de voler à de nouveaux ennemis.

D. S'en présentait-il?

R. Conduite par le prince de Hesse Hom-
bourg, et forte de 40,000 hommes, l'armée
du Sud s'avançait par Dôle contre lui. Il
courut au-devant, et quantité de combats

signalèrent la rencontre des colonnes. Le plus fameux fut celui de Limonest, que les mauvaises combinaisons d'Augereau nous rendirent entièrement défavorable (19 mars). Ce fut en partie cet engagement qui décida du sort de la campagne. Vaincu, Augereau évacua Lyon et se laissa rejeter derrière l'Isère. C'est ainsi qu'une armée de 20,000 combattans nous fut comme enlevée par l'inaction complète à laquelle elle fut réduite.

D. Etions-nous aussi malheureux sur les frontières d'Espagne ?

R. A peu près, quoique ceux de nos généraux qui défendaient ces contrées, Suchet et Soult, déployassent un talent, une audace et une activité bien supérieures aux derniers travaux d'Augereau. Après une foule de combats également glorieux, Suchet concentra son armée sous Figuières, et Soult reploya la sienne sous Toulouse.

D. Revenons aux opérations de l'armée impériale. Que s'y passait-il ?

R. Toujours des combats. Un congrès ouvert à Châtillon pour négocier la paix semblait pourtant présager à l'Europe le repos demandé par ses plus chers intérêts, mais aucun des souverains ne s'y présentait avec assez de modération pour que l'on parvînt à s'entendre , et le congrès fut rompu comme toutes les conférences qui l'ont suivi et précédé , sans qu'aucun des partis ait abordé franchement la grande question qui tenait les peuples attentifs. Ce fut alors que l'empereur Napoléon écrivit à l'empereur François II une lettre privée où l'on remarquait entre autres passages saillans , celui-ci , que n'oublieront sans doute ni le siècle présent, ni la postérité : « Lorsque je succédai à la république mourante , je fis le serment de consacrer ma vie au bonheur des Français. Si je ne puis le tenir aujourd'hui, ce serment, et que des princes plus heureux puissent donner à l'Europe des gages qu'elle ne voudrait pas recevoir de moi , je préfère descendre du trône sans souillure, à le conserver dans mes seuls intérêts. » Quelle est grande cette pensée , et qu'il est peu d'esprits qu'elle ne subjugue !

D. Quel mouvement opéraient les maréchaux Marmont et Mortier ?

R. Celui de se porter sur Vitry. Mais ils donnèrent près de La Fère Champenoise , dans toute l'armée des alliés qui marchait sur la capitale, et ne s'en tirèrent qu'en abandonnant 60 bouches à feu et près de 400 caissons. L'ennemi perdit, il est vrai, plus de 4000 hommes ; mais il avait sur nous l'immense avantage de pouvoir en faire le sacrifice.

D. A qui le combat de La Fère Champenoise fut-il le plus glorieux ?

R. Au colonel Leclerc qui, arrivant de Sézanne avec un régiment de cavalerie, s'interposa, comme un rempart d'airain, entre l'ennemi vainqueur et nos soldats renversés.

D. Quelle direction prit la retraite des deux corps français ?

R. Celle de Paris par Sézanne. L'ennemi les suivit, et l'on se battit avec des avantages variés à Sézanne, à Chailly, à La Ferté-Gaucher, à Moutis, à Trilport, à Meaux et à Ville-Parisis. Arrivés sous les murs de Paris, les deux maréchaux, que secondait une partie de la garde nationale, luttèrent jusqu'à quatre heures du soir contre toutes les forces des alliés, et l'on eût dit, à voir l'ardeur de nos troupes, que chaque Français briguait avec joie l'impérissable honneur de mourir en héros à l'aspect de ses dieux. La postérité n'oubliera jamais le noble dévouement des élèves de l'Ecole polytechnique. Seule, pour ainsi dire, contre toutes les vieilles bandes du Nord, cette jeunesse intrépide se montra l'égale de ceux sous qui le monde avait tant de fois tremblé. On se rappelle les derniers mots d'un de ces preux. Percé de vingt coups mortels, il n'a plus qu'un souffle de vie ; mais son cœur expirant pousse encore ce soupir patriotique sur ses lèvres décolorées :

Pleure qui voudra Rome et lui reste fidèle,
Je ne peux la venger, mais j'expire avec elle.

Paris capitula le 30 mars ; les maréchaux l'évacuèrent le 31 pour se porter sur Fontainebleau. Et presqu'immédiatement après l'ennemi vint s'établir dans la reine des cités.

D. Où était l'impératrice ?

R. En route avec son fils et ses ministres pour transporter dans Blois le siége du Gouvernement.

D. Et l'empereur ?

R. Précédant sa garde, qui elle-même accourait à grands pas, il arrivait à franc étrier par Fontainebleau pour secourir Paris. Parvenu à l'auberge de *la Cour de France*, il trouva le général Belliard qui l'instruisit de l'état des affaires. Le sénat avait prononcé sa déchéance et rappelé les Bourbons. A cette nouvelle il jugea convenable de concentrer ses forces pour reconquérir Paris, et retourna à Fontainebleau pour prendre ses mesures. Il allait en partir lorsqu'il apprit que le duc de Raguse, dont tout le corps d'armée était en position sur les hauteurs d'Essonne, venait avec ses troupes de passer à l'ennemi. Ce malheur fut sa chute. Ne pouvant plus arrêter le torrent de l'infortune, il abdiqua l'empire et dépouilla les grandeurs. « Qui aurait pu croire, disait il, un pareil trait de Marmont? Un homme avec lequel j'ai partagé mon pain, que j'ai tiré de l'obscurité, dont j'ai fait la fortune et la réputation! »

D. Où se retira l'empereur?

R. A l'île dElbe. Ses adieux à sa garde firent couler des pleurs de tous les yeux. « Chère aigle, s'écria-t-il en embrassant l'étendard, que les baisers que je te donne retentissent dans la postérité ! » Il partit; mais ce ne fut pas pour long-temps. Moins d'un an après, il reparut sur le continent, marcha sur Paris, s'adjoignit dans sa route tous les corps envoyés pour le combattre, et remonta sur le trône dont il était tombé, le 20 mars 1815, jour anniversaire de la naissance de son fils.

D. De quoi s'occupa l'empereur?

R. De réunir tous les partis qu'avait sou‑
levés son retour, pour consolider par un par‑
fait accord la révolution qu'il venait d'opérer.
Il convoqua les chambres, et se fit reconnaître
en champ de Mai, dans la dignité qu'il venait
de reconquérir : « Nous ne voulons, dit-il,
nous mêler des affaires de personne, mais
malheur à qui se mêlerait des nôtres !»

D. De quel œil les puissances virent-elles
son retour ?

R. Avec un si grand effroi, qu'elles réso‑
lurent de se liguer de nouveau contre lui.
Alors, tout ce que l'Europe avait de baïon‑
nettes se tourna une seconde fois contre la
France. Napoléon brava tout. Seul pour ainsi
dire, contre le monde entier, il déploya pour
triompher toutes les ressources de son génie.
Les Prussiens et les Anglais furent les pre‑
miers ennemis qui se présentèrent. Dès qu'il
vit leurs armées se déployer en Belgique, il
se porta avec 80,000 hommes, contre les
250,000 qui menaçaient la frontière du
Nord.

D. Que s'ensuivit-il ?

R. Une bataille terrible près de Fleurus
(16 juin), sur le champ même, où 20 ans
auparavant, Jourdan avait foudroyé les 90,000
Autrichiens du prince de Cobourg. Napoléon

voyant les Prussiens séparés des Anglais par un intervalle de plus de 15 lieues, et, jugeant par le caractère particulier de ses deux adversaires, Blücher et Wellington, que la lenteur habituelle du dernier lui donnerait un immense avantage dans le cas où il battrait les Prussiens, attaqua brusquement le maréchal Blücher, qui ne s'attendait point à l'être, et lui fit éprouver en moins de quelques heures, une perte de 25,000 combattans.

D. Que devint l'ennemi ?

R. Il s'enfuit avec une telle précipitation, qu'il fut impossible aux vainqueurs de l'atteindre. Cette victoire, déjà si éclatante, aurait encore été bien plus complète, sans les fautes réitérées que fit le maréchal Ney. L'empereur avait dit avant la bataille : « Si Ney, exécute bien ses ordres, il n'échappera pas un canon de l'armée Prussienne ; elle est prise en flagrant délit ». Mais la fatalité voulut que l'illustre maréchal cessât d'être lui-même.

D. Ayant écrasé les Prussiens, de quoi s'occupa l'empereur ?

R. De fondre sur les Anglais (18 juin). Il les trouva près du Mont-Saint-Jean, et, quoique totalement séparé de son aile droite qu'il avait confiée au maréchal Grouchy, il ne balança point à attaquer, dans la proportion

d'un contre deux, les 120,000 Anglais. Enfoncés sur tous les points, rompus dans tous
les sens et fuyant en désordre; ceux-ci demandaient à la terre des abîmes pour s'y cacher, lorsqu'un corps nombreux qui n'avait
point pris part à l'action, parut tout-à-coup
sur la droite. Napoléon, qui le vit, jeta un
cri de joie. Il croyait voir accourir le maréchal Grouchy, mais par un de ces coups du
sort que toute la prudence humaine est in-
capable d'éviter, Grouchy qui avait ordre
d'arriver à grands pas, perdait un temps précieux en vains tâtonnemens; et le corps qui
se montrait sur l'horizon, était l'armée Prussienne qui, complétement ralliée, venait au
secours des Anglais. Dire l'épouvante que jeta
son attaque inattendue dans les rangs victorieux, serait au-dessus du génie même de
Tacite. Dès-lors tout fut perdu pour la France,
et la victoire passa chez les vaincus.

D. Où se rallia l'armée Française?

R. Sous les murs de Paris. Napoléon qui
l'avait devancée, se trouvait dans la plus
cruelle position où se soit jamais vu un prince
malheureux. Les chambres auxquelles il demandait des secours, s'étaient déclarées en
insurrection contre lui, et lui notifiaient que

la volonté nationale était qu'il consommât une seconde abdication.

D. Que fit-il ?

R. Il abdiqua . . . . et se retira au château de Malmaison, pour y attendre l'issue des événemens. Faisant partie des quatre cents hommes de sa vieille garde, que le Gouvernement provisoire chargea de l'y accompagner, jai été témoin de beaucoup de choses. L'ennemi, qui d'abord n'avançait qu'en tremblant, se porta par une marche de flanc, de Saint-Denis sur Saint-Germain. Napoléon proposa au Gouvernement provisoire, par l'organe du général Becker, de se remettre un instant à la tête de l'armée pour profiter de cette faute ; mais voyant sa proposition rejetée il prit enfin la détermination de sortir de France. Alors les officiers du palais firent effacer les aigles des voitures, pour pouvoir s'échapper avec plus de mystère ; et bientôt après l'empereur vint lui-même nous faire ses adieux, d'un air aussi calme, d'un front aussi serein, qu'aux jours les plus fameux de sa prospérité.

D. Que se passait-il sur les autres points ?

R. Révoltée contre le général Rapp, la garnison de Strasbourg prenait pour chef

suprême un simple sergent nommé Dalouzi ;
et assiégés dans les murs écroulés d'Huningue, par 30,000 Autrichiens, 135 Français, commandés par l'intrépide Barbanègre,
se battaient avec autant d'ardeur, de constance et de patriotisme, que si leurs glorieux
efforts avaient pu retenir dans sa chute la
France tombant sur tous les points.

D. Revenons à l'empereur. Où se retira - t - il ?

R. D'abord, à Rochefort pour s'y embar-
quer ; mais comme il en trouva le port étroitement bloqué par les Anglais, il prit le parti
de demander comme Thémistocle un asile au
plus implacable de ses ennemis,

D. Que répondit le prince régent ?

R. Il feignit d'accueillir l'illustre malheureux que la fortune mettait en ses mains,
et méconnut aussitot, pour le plonger dans les
fers, l'hospitalité qu'il lui accordait.

D. Où Napoléon fut-il conduit ?

R. Sur le roc de Saint-Hélène. En quittant
l'Angleterre, il jeta un dernier regard sur la
France, et dit avec un soupir douloureux :
*Adieu terre chérie, adieu terre de braves ; une
poignée de perfides de moins et tu serais encore la maîtresse du monde.*

FIN.

TABLE GÉNÉRALE.

Préface.	Page	j
Introduction.		iij
Siége de Lille.		6
Bataille de Valmy.		4
—— de Jemmapes.		7
—— de Hondtscoote.		17
—— de Watignies.		20
—— de Geisberg.		29
—— de Tourcoing.		35
Siége de Toulon.		26
Bataille de Fleurus.		38
—— d'Aldenhoven.		42
—— de la Montagne-Noire.		40
Combat naval du *Vengeur*.		36
Conquête de la Hollande.		44
Bataille de Loano.		50
—— de Montenotte.		54
Retraite du Danube.		94
Bataille de Millésimo.		55
—— de Mondovi.		57
—— de Lodi.		60

Bataille de Castiglione. Page 69
—— d'Arcole. 73
—— de Rivoli. 75
—— des Pyramides. 119
—— d'Aboukir. 128
—— d'Héliopolis. 132
—— de Zurich. 105
Passage du Mont-Saint-Bernard. 138
Siége de Gênes. 137
Bataille de Montebello. 141
—— de Marengo. *Ibid.*
—— d'Hohenlinden. 145
—— d'Austerlitz. 163
—— d'Jéna. 167
—— d'Eylau. 170
—— de Friedland. 171
Siége de Dantzick. *Ibid.*
Bataille de Médina. 186
—— de Medelin. 193
—— d'Occana. 195
Passage des défilés de Salamonde. 194
Siége de Sarragosse. 192
Bataille d'Eckmuhl. 175
—— de Raab. 180
—— d'Essling. 177
—— de Wagram. 181
—— du Champ-Sacré. 220

Bataille de la Mòscowa.   Pag.   220

—— de Malo-Jaroslawetz.   227

Passage de la Bérésina.   231

Bataille de Lutzen.   241

—— de Bautzen.   245

—— de Dresde.   249

—— de Wachau.   254

—— de Leipsick.   255

—— de Hanau.   259

—— de Champ-Aubert.   271

—— de Montmirail.   Ibid.

—— de Montereau.   273

—— de Vaux-Champs.   272

—— de Craone.   278

—— de Toulouse.   209

—— de Ligny.   291

—— du Mont-Saint-Jean.   292

FIN DE LA TABLE.

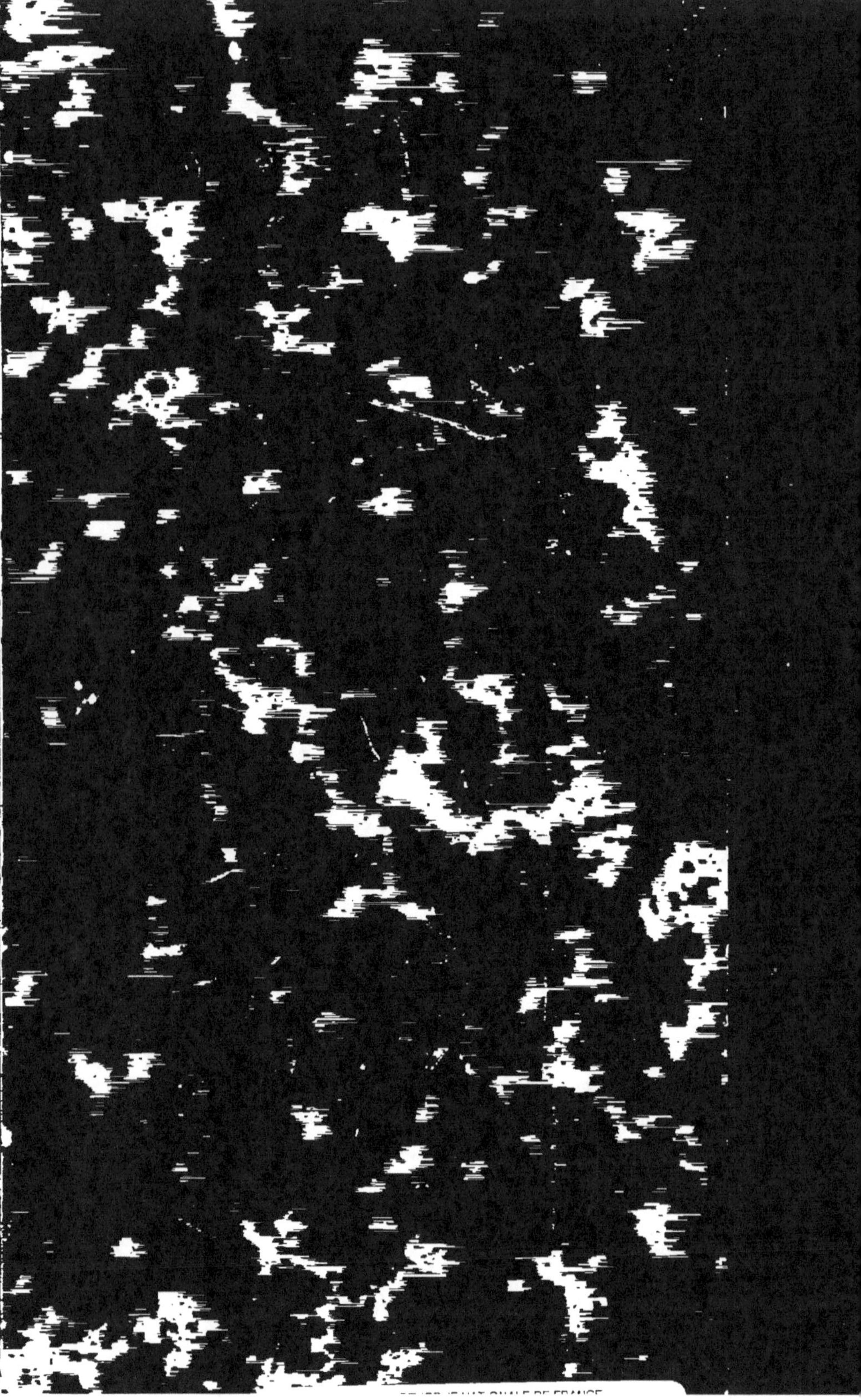

www.ingramcontent.com/pod-product-compliance
Lightning Source LLC
LaVergne TN
LVHW050209030726
842520LV00002B/445